धम्मपद च तन्त्रसारः

ブッダの言葉と
タントラの呼吸法

The Essence of Daṃmapada and Tantra

真下尊吉
MASHIMO Takayoshi

東方出版

すべて偉大なものは単純なり。

〜 ウイルヘルム・フルトヴェングラー

まえがき

　インドには、度々書いたようにヴェーダ、ウパニシャッドを根源とした大河の流れがあった。その流れが、アースティカ（आस्तिक主流）であれ、ナースティカ（नास्तिक 支流）であれ、そこからサーンキャやヴェーダーンタなどいくつかのダルシャナが生まれ、それらを既刊の４冊のうち３冊の書で見てきた。そして、『サンスクリット原典から学ぶ般若心経入門』だけは、従来の分類によればナースティカのダルシャナと言うことになるが、より正確には、本書で取り上げる従来のヴェーダ、ウパニシャッドとそこから生まれたダルシャナをも呑み込んだ、まったく異次元のタントラというダルシャナに基づくものである。その大きな特徴は、タントラのダルシャナも、ブッダのダルシャナも**人間、特に、この身体を中心に据え**、単に教えを説くだけでなく、そのような境地（サマーディ、ニルヴァーナ）へと導く実践法を、すべての人に示した点で画期的であった。そこには、男女の差も、カーストの差もない。リース・デイビスが、ブッダは「ヒンドゥ（註１）の中で最も偉大で、賢明で、最も優れた人物」だったと述べた理由である。

　（註１）ヒンドゥとは、語源がペルシャ語でシンドゥ（सिंधु）、インダス河
　　　　流域のことだが、リース・デイビスは、ヒンドゥ世界内部、つまり、
　　　　インド人の意味で使っている。

　この実践の結果が証明するもの、それはサマーディとかニルヴァーナ、一般には「悟り」として知られるが、その覚者の言葉こそ、本書第１部の「ダンマパダ（ブッダの言葉）」である。

次に、「釈尊の呼吸法」として知られる**アーナーパーナサティ**（आनापानसति）は、はたして釈尊が直接気づかれたものなのか、それとも、ハタヨーガへと流れてきた**タントラの呼吸法**と同じものなのか探ってみたい、というのが本書のもう一つの目的である。何故なら、Mark S.G. Dyczkowski が、インド最北西に位置するカシミール地方は、１３世紀イスラム人の到来以前、ヒンドゥイズムとブッディズム両方の学問の中心地であり、カシミール人は、宗教的な学びのみならず、サンスクリット、薬学、天文学、数学などにも非常に秀でていた、と述べているからである。そのカシミール・シャイヴィズムこそシャイヴァ・シャクティ・タントラと言われる高度に発達したダルシャナであり、当時のヒンドゥイズムとブッディズム両方は、恐らく同じタントラというダルシャナをベースに、共に同じ道を歩んでいたのではないか。

　ブッディスト・タントラ（Vajrayāna）と言われた、この動的（実践的）な**釈尊の呼吸法**に導かれたヴィパッサナがブッダの成功した理由である。また、地図を見れば明らかなように、カシミール地方とチベット、ネパールは近接した場所であり、Ian A.Baker によれば、８世紀頃のブッディスト・タントラには、Guhyasamāja というハタヨーガの専門用語のテキストが伝わっているらしいし、１１世紀には、Somanātha が、チベットにカーラチャクラの教えも伝えており、ブッダ後、マハーカーシャパ、ボーディダルマから禅が生まれ、一方、ブッダの息子ラフール・バドラから、キールティ、そして、サラハへと続くタントラの流れがある。

　さて、シャイヴァ・タントラは、**重ね合わせの状態のアドヴァイタ**（अद्वैत 不二）、と言われ、本来、**シヴァとシャクティは合一**という「気づき」がモークシャとされる。タントラのダルシャナは、

人間を小宇宙（ミクロコスモス）とし、大宇宙（マクロコスモス）との関わりにおいて観察する。そのため、ヴェーダ、ウパニシャッドの流れや、そこから生まれた6つのダルシャナを包括した、とてつもないスケールを持つ現代最先端の科学へと繋がるダルシャナである。その広大さ故、非常に複雑・難解で、識別・整理・選択を誤ると迷路に入り込んでしまう。当時も同様だったらしく、B.N.Pandit は、インド哲学のサンスクリット学者でさえ多くは、アドヴァイタのタントラよりもシャンカラーチャーリアのモニズム（註2）の方に興味を示し、タントラの非常に微妙で高度な内容の要約に手こずったようで、カシミール渓谷からは大都市のヴァーラーナシー（वाराणसी）やプネー（पुणे）などには拡がらなかったようである。

　そこで、本書ではこのタントラを概観した後、タントラからハタヨーガの呼吸法、ハムサへの流れを見ていくが、人体、特に、ブッダの呼吸法にも見られるプラーナ・アーヤーマ（註3）に特化し、ヤントラ、マントラ、及び儀式に関する記述については触れない。何故なら、**サマーディに達する実践法**が核心だからである。

　（註2）シャンカラのモニズムは、専門家が二元論と称したサーンキ
　　　　ャを経過した一元論であり、両者は全く異なる。
　（註3）本来、プラーナ・アーヤーマとは、ハタヨーガで言うところの調
　　　　気法とは全く異なり「息が止まる（breath stopping）」という意
　　　　味である。

　そこで、目的別に、第1部をサマーディ、ニルヴァーナの状態に達した人、即ち、「ブッダの言葉」として、最も知られているパ

ーリー語原典から**ダンマパダ**（धम्मपद）の詩句全４２３詩句から
５４詩句を選んで解説し、第２部でタントラの概略と、タントラ
からハタヨーガへの流れが記載されているナーター派のゴーラク
シャ・ナータの「ゴーラクシャ・シャタカ（गोरक्षशतक）」から４
７の詩句を紹介して解説する。次いで、第３部で「タントラの呼
吸法」として経典「シヴァ・スワローダヤ（शिवस्वरोदय）」からも
２８の詩句を選んで同じように解説する。

　これらは、ブッダの呼吸法「**アーナーパーナサティ**」に匹敵す
る「**タントラの呼吸法**」である。

　ダンマパダ原典は、英パーリー・ソサエティのローマナイズ版
を用い、デーヴァナーガリ文字で表記する。「ゴーラクシャ・シャ
タカ」は、後のハタヨーガへの流れを理解する上で、今回は紹介
を兼ねて「ヨーガタランギニー」（*योगतरंगिणी* by Jan K.Brzezinski）
を取り上げた。ただ、「ゴーラクシャ・シャタカ」は、原典とその
後の注釈・増補版との間において、まだ解明されていない問題が
あるので、第２部の「ハタヨーガへの流れ」１．はじめに　でふれ
ることにする。

　「シヴァスワローダヤ」は、底本として主に*शिवस्वरोदय* by Ram
Kumar Rai　を用いた。以上、いずれも参照した文献は、第１部は
５９頁に、第２部と第３部は１５０頁に記載する。

4

目　次

まえがき　　　　　　　　　　　　　　　　　　　　　　1

第1部　ダンマパダ入門　　　　　　　　　　　　　　　7

　序　説　　　　　　　　　　　　　　　　　　　　　　9

　　1．ブッダ／2．ブッダのダルシャナ／3．瞑想とサマーディ
　　の違い／4．ダンマパダについて

　ダンマパダ　　　　　　　　　　　　　　　　　　　　19

　参考文献（第1部）　　　　　　　　　　　　　　　　59

第2部　ゴーラクシャ・シャタカ入門　　　　　　　　61

　序　説　タントラとハタヨーガ　　　　　　　　　　63

　　1．タントラとは〜その1／2．タントラとは〜その2／
　　3．バイラヴァ・タントラとは？／4．カシミール・シャイ
　　ヴィズム／5．タントラと般若心経／6．タントラ世界の
　　象徴化①〜月と太陽／7．タントラ世界の象徴化②〜ヤン
　　トラ／8．タントラ世界の象徴化③（三角形）〜主（Lord）
　　の力／9．タントラ世界の象徴化④〜クンダリニー／
　　10．タントラ世界の象徴化⑤〜コスミックサウンド／
　　11．タントラ世界の象徴化⑥〜アハム（अहम्）／
　　12．タントラにおけるサマーディとは？／13．タントラ
　　における気の流れ／14．チャクラ〜気と意識とエネルギー
　　の流れの車輪／15．タントラの呼吸法／

　ハタヨーガへの流れ　　　　　　　　　　　　　　　87

　　1．はじめに　　　　　　　　　　　　　　　　　87

2．ゴーラクシャ・シャタカ　　　　91
　　a．6肢ヨーガ／b．アーサナ／c．チャクラ／
　　d．ナーディ／e．ヴァーユ／f．ハムサ／g．バ
　　ンダ／h．ムーラバンダ／i．ウディヤーナバンダ
　　／j．ジャーランダラバンダ／k．ケーチャリー
　　ムドラー／l．ビンドゥ／m．ヴィパリータカラニー
　　／n．サマーディ／o．ヨーギー／p．ゴーラクシャ
　　シャタカ／

第3部　シヴァ・スワローダヤ入門　　　　117
　序　説　タントラの呼吸法　　　　119
　シヴァ・スワローダヤ　　　　122
　　a．5大要素／b．地／c．水／d．火／e．風
　　／f．空／g．師（グル）とその弟子（シッシャ）
　　／h．3種のナーディとプラーナ／i．ハムサ／
　　j．ナーディ／k．アジャパー・マントラ（ハムサ）
　　／l．ハタヨーガの実践／m．スワローダヤを知る
　　者／
　「する」ヨーガから、「なる」ヨーガへ　　　　138
　　a．パタンジャリとギーター／b．シャンカラの
　　モニズム／c．ブッダとタントラ／d．3肢ヨーガ／
　参考文献（第2部・第3部）　　　　150
あとがき　　　　153

「ヨーガの流れ」シリーズについて　　　　159

第 1 部

ダンマパダ入門

The Essence of Dammapada

序　説

1．ブッダ

　ブッダ（बुद्ध）という尊称や敬称は、もともとサンスクリット動詞語根ブッド（√बुध 理解している、気づいている、目覚めている）の受動・過去分詞で、「理解した、気づいた、目覚めた」に由来し、そういった人物のことを指している。また、お釈迦さまという場合は、父ガウタマ氏がコーサラ国の属国シャーキャのラージャであったことから、姓を指すサンスクリット語のガウタマ（गौतम）と幼名のシッダールタ（शिद्धार्थ）に由来してそのように呼ぶ。さらに、法華経などでタターガタ（तथागता 如来）と言われる尊称は、「かくの如くやってきて、去っていった」（註）という意味であり、世尊という尊称もある。この場合は、「尊いお方」を意味するサンスクリット語のバガヴァント（भगवन्त्）の漢訳である。

　　（註）OSHO Rajneesh は、「来ることのプロセスと去ることのプロセス」
　　　　　（just a process of coming and going）と言い、「流れる空間」と説
　　　　　明している。

　ブッダは、ただ道を示す人なので、拙著『ギーターとブラフマン』で述べたように、従来のバラモンが執り行っていたヤギャ（यज्ञ）は、各自が個々に、ヨーガと言う言葉は使われていないが、**道として実践**しなければならない。何故なら、タントラの道と同じく完全な人間とは、後述するように「坐」の漢字の示す2人の「人」、つまり私と真の自己とが融合したものに他ならないからで

9

ある。タントラも、ブッダも理論より実践、しかも共通の実践法は共に**呼吸**に留意することであった。

2．ブッダのダルシャナ

「ブッダは、当時の思想家の中でカピラのダルシャナに最も感銘を受けた」とアーベンドカルが指摘しているが、カピラのダルシャナとは、サーンキャのダルシャナのことである。しかし、ブッダは、その**展開過程**、つまり、原因と結果には一切ふれていない。

「**縁・起**」が、何によって、いかなる結果が起こるのかはあいまいである。しかし、この**あいまいさこそ**ブッダの透徹したダルシャナであって、現代最先端の量子力学の説明と酷似し、「**空**」と「**色**」重ね合わせの状態、不二（ア・ドヴァイタ अद्वैत）である。つまり、０（空）と１（色）のように２ではなく、０（空）でもあり、１（色）でもある重ね合わせの**１つの全体**である。それは、後述のタントラや「サーンキャ・プラヴァチャナ・スートラ」にある詩句（１－４４）とも似ている。

> 「**内なるもの**」がそっくり外に出ると、それが「空」という実在である。（शून्यं तत्त्वं भावो वोनश्यति वस्तुधर्मत्वाद् विनाशस्य ॥ १ - ४४॥）

つまり、サーンキャの人間の身体を構成するものからブッディ、アハンカーラを削除し、心、５つの感覚器官、５つの行動器官のうち、**人間の心**を徹底的に分析し、**心によって空なる全体が起こ**るのである。それは「ダンマパダ」の冒頭、第１詩句と第２詩句と続く全詩句を読めばやがて明らかになる。

3．瞑想とサマーディの違い

　ダンマパダとは、ニルヴァーナ（サマーディ）の状態に達した人の言葉である。しかし、「瞑想とサマーディの違い」を理解しておく必要があるので、**心とは何か**という説明から始めることにする。ヴァイシェーシカ・スートラ（वैशेषिक कणाद सूत्र）に次の詩句（7－1－23）がある。

心は、（まだ生まれない状態では）無数の原子の粒と考えられる。

तदभावादणु मनः ॥ ७ - १ - २३॥

　（註）तद् अभावात् 生まれない前の状態では、अणु （無数の）原子、मनः 心は、

　また、同じく、バーシャー・パリッチェーダ（भाषा परिच्छेद）にも次の詩句（85）がある。

悦びなどを感じる（内的）器官が心と呼ばれ、無数の原子の粒からなるものと言われる。その理由は、心は、同時にいくつもの対象を捉えることは不可能だからである。

साक्षात्कारे सुखादीनां करणं मन उच्यते ।
अयौगपद्याज्ज्ञानानां तस्याणुत्वमिहेष्यते ॥ ८५ ॥

　次頁の左側を見てほしい。これが日頃の心の状態である。無数の原子の粒1つ1つは想念、考えであり、これらが高速で動き回るので、頭の中は想念が渦巻いている。しかし、瞑想の状態にな

11

ると、どうなるのであろうか。下図右側のように、無数の想念の粒は次第に減って遂には**1つになる**。1つだけ残る。これが瞑想の状態であって、この残った1つの想念とは、「瞑想しているという想念」である。

日常のチッタの動き（原子のように飛び交う）　瞑想の状態（想念は1つになる）

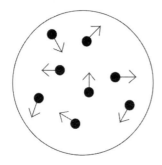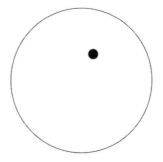

このチッタの飛び交う状態が「心」であって、1つ1つは「想念」であり、言葉（言語）を生じる。

「瞑想をしている」という想念、「私」という想念1つだけが残る。

　この状態には、多くの人がなることが可能である。だが、まだサマーディの状態ではない。サマーディは、この瞑想しているという1つの想念（私）も消えてゼロになる。この状態は、ブッダがニルヴァーナと呼んだものと同じであり、サマーディ、ヨーガの状態でもある。

　では、この状態とはいかなるものであろうか。何も特別な境地ではなく、ただ、**ありのままが見える**。よく譬えに挙げられるように、ロープが蛇に見えたりはしない。ダンマパダは、この状態で語られたブッダの言葉である。例えば、次のような詩句がある。

　学ぶことの少ない人は、牛のように老いる。肉は増えるが、智慧

は増えない。（11-7）

अप्पस्सुतायं पुरिसो बलिवद्दो व जीरति ।

アッパッスターヤム・プリソー・バリヴァッドー・ヴァ・ジーラティ

मंसानि तस्स वड्ढन्ति पञ्ञा तस्स न वड्ढति ॥१५२॥

マンサーニ・タッサ・ヴァンダンティ・パンナー・タッサ・ナ・ヴァンダティ

　（註）अप्पस्सुतायं 学ぶことが少ない、पुरिसो 人は、बलिवद्दो 牛、व ～
　　　のように、जीरति 老いる、मंसानि 肉、तस्स その、वड्ढन्ति 増える、
　　　पञ्ञा 智慧、न वड्ढति 増えない、

　真理を学ぶことは、**気づく**ことであって、いい大学に入り知識を学び増やすことではない。シャイヴァ・タントラの「シヴァ・スートラ」に次の2句がある。1つは、「ギャーナム・バンダハ」

知識は束縛である。　　ज्ञानं बन्धः ॥१-२॥

もう1つは、「ギャーナム・ジャーグラット」

智慧は目覚めである。　　ज्ञानं जाग्रत् ॥१-८॥

　西洋でも、グノーシスという言葉があって、それは「本質を見る」という意味である。人が間に介在して「教えられる」知識は蓄えられ、やがて満タンとなる。学歴や肩書きといったものは手に入る。しかし、真理は、学校でも、どこでも、また、いかなるグルでも教えることは不可能で、智慧は、その時点で気づけば終わり、決して増えることはない。この状態は、「シヴァ・サンヒタ」

（註）に、次のように書かれている。

 彼は、必ず、まだ学んだことのないシャーストラや科学の書を読破出来るようになり、あらゆる病気から解放され世の中で自由に活躍する。

विविधश्रुतं शास्त्रं निःशङ्को वै भवेद्ध्रुवम् ।
स्वैरोगविनिर्मुक्तो लोके चरति निर्भयः ॥ ५ - ७७ ॥

　つまり、先人から伝わった経典には、サマーディの状態で見たことが述べられているので、その状態に達した人なら誰にでも理解でき、健康で長寿に恵まれれば、また、次の人に真理を伝えることが出来る。人から人への伝承は、このようにして行われてきた。

　　（註）紛らわしいが、「シヴァサンヒタ」は、１４〜１５世紀頃に書かれたハタヨーガの教典であり、一方「シヴァスートラ」は、９世紀頃、カシミール・シャイヴィズムのヴァスグプタがシヴァから啓示を受けたものとされている。シャイヴァ・アーガマは、これよりさらに古いとされているが時代の特定は難しい。いずれも、アパウルシェーヤである。（拙著『ギーターとブラフマン』２１０頁参照）
　　カシミール・シャイヴィズムのトゥリカと言われるその教えとは、３つ、①単一　②多様性　③単一の中の多様性　である。
　　ロバート・L・ブラウンが「タントラの起源（*The roots of Tantra*）」の中で述べているようにタントリズムが、いつ、どこで、どのようにして起こったのかを特定することは非常に困難で、また、

14

どのようにしてインド各地に広がっていったかもよく分かっていない。しかし、ハタヨーガへと流れてきたことは分かっているので、この書で紹介されているダグラス・R・ブルークスの説を紹介しておく。それによればもともと北インドのカシミール地方ではタントラのシュリーヴィドゥヤー女神信仰のシステムが発展し、９世紀頃には結晶化してサンスクリット文献として体系化し、それが徐々にインド各地に拡がったのではないか。しかし、南インドの聖ティルムラール（Tirumūlar）は、シュリーヴィドゥヤー女神信仰のある面を７世紀頃、既に知っていたらしい。このことから、タントラは、インドでは、サンスクリット文献として体系化する前にある程度共有されていたのではないか、とブルークスは述べている。

　また、同じく、ロバート・L・ブラウンは、M・C・ジョシのシャクター・タントリズムの起源を高く評価している。それは、「出産能力のある母親」という概念が女神信仰という古代の礼拝システムであるという指摘で、後述する「タントラとは？」でもシヴァの、もう一つのアスペクトとして「ものを生み出す力シャクティ」へとつながる。いずれにしても、「シヴァスートラ」は、南インドのシュリーヴィドゥヤ・シャクター・タントリズム学派の影響を受けたものである、とJ・マリンソンが述べている。なお、余談になるが、２０１０年にカシミールから見れば、かなり南のウジャインを訪れたことがある。ここにはナーター派のマッチェンドラナータ寺院やバルトリハリの洞窟がある。マッチェンドラナータは、もともと東インドベンガル地方の生まれであり、当時、ゴーピチャンドラは王位を捨ててナータ派の教理伝導の道を選んだ。同じように北インド、ハスティナープラの王子であったバルトリハリもジャーランドゥリにイニシエーションを受け、隠遁の道に入ったと言われている。

４．ダンマパダについて

　ダンマパダは、ニルヴァーナ（サマーディ）の状態に達した人が見た**真理の言葉**である。原文はパーリー語で書かれた珠玉のことばで、世界各国語に翻訳されて親しまれている。わが国では、「法句経」の名前で知られ、以下に示すように、全２６章４２３詩句からなる。第１章は、対句（ツイン）のタイトルが付いているが、他の詩句にもしばしば出てくるので、各章のタイトルは必ずしも内容を厳密に表すものではない。

１．対句（ツイン）	１４．ブッダ
２．目覚め	１５．幸福
３．心	１６．情愛
４．花	１７．怒り
５．愚か者	１８．不浄
６．賢い人	１９．正義
７．悟った人	２０．道
８．無数	２１．寄せ集め
９．悪魔	２２．悲しみ
１０．暴力	２３．象
１１．老い	２４．渇望
１２．自己	２５．修行者
１３．この世界	２６．浄い人
	（バラモン）

　われわれ日本人が忘れてはならないのは、何より終戦後、サン

フランシスコ講和条約調印の際、スリランカ代表のジャヤワルダ氏が「ダンマパダ」の次の詩句を引用して日本への過度の賠償責任を負わせないよう演説してくれたことである。

憎しみは、憎しみによっては、決して消せない。憎しみは、慈愛の心によってのみ消すことが出来る。これは、永遠の法（真理）である。（1－5）

न हि वेरेन वेरानि सम्मन्तीध कुदाचनं ।

ナ・ヒ・ヴェーレーナ・ヴェーラーニ・サンマンティーダ・クダーチャナム

अवेरेन च सम्मन्ति एस धम्मो सनन्तनो ॥५॥

アヴェーレーナ・チャ・サンマンティ・エーサ・ダンモー・サナンタノー

（註）न ～できない、हि まさに、वेरेन 憎しみによって、वेरानि 憎しみは、सम्मन्ति 平和の方向に持って行く、इध この世にいて、कुदाचनं 常に、अवेरेन 憎しみのないこと、च そして、एस これは、धम्मो 法（真理）、सनन्तनो 永遠の、

また、社会で指導的立場にある人に対して、厳しく身を律するようブッダの鋭い目が常に光る。

黄色の袈裟をまといながら、汚れを取り除くこともなく、心にしまりがなく、誠なき人は、黄色の袈裟に値しない。（1－9）

अनिक्कसावो कासावं यो वत्थं परिदहेस्सति ।

アニッカサーヴォー・カーサーヴァム・ヨー・ヴァッタム・パリダヘーッサティ

अपेतो दमसच्चेन न सो कासावमरहति ॥९॥

アペートー・ダマサッチェーナ・ナ・ソー・カーサーヴァマラハティ

(註) अनिक्कसावो 神聖さを汚す者として、कासावं 黄色の、यो ～であるところの、वत्थं 衣服、परिदहेस्सति 着る、纏う、अपेतो ～に欠ける、दम よく整った、सचेन 真実によって、न ～しない、सो 彼は、कासावम् 黄色の、अरहति ～に値する、

経典を数多く語り唱えても、内容にふさわしい行動をしなければ、いいかげんな人と言わざるを得ない。まるで、牛飼いが他人の牛の数ばかり気にするように、そのような人は僧や修行者としてふさわしくない。

（1－19）

बहुम्मि चे सहितं भासमानो न तक्करो होति नरो पमत्तो ।

バフムピ・チェー・サヒタム・バーサマーノー・ナ・タッカロー・ホーティ・ナロー・パマット―

गोपो व गावो गणयं परेसं न भागवा सामञ्ञस्स होति ॥१९॥

ゴーポー・チャ・ガーヴォー・ガナヤム・パレーサム・ナ・バーガヴァー・サーマンナッサ・ホーティ

(註) बहुम् 多くの、अपि ～しても、चे もしも、सहितं 数える、भासमानो 語る、न ～しない、तक्करो ふさわしい行動、होति ～である、नरो 人は、पमत्तो いいかげんな、गोपो 牛飼い、व ～のように、गावो 牛、गणयं 数えること、परेसं 他人たちの、न ～でない、भागवा ～にふさわしい、सामञ्ञस्स 修行者として、होति ～である、

第1部「ダンマパダ入門」では、全423詩句より54詩句を選んだが、対句や、関連詩句が続く場合もあるので、通し番号は全体で46となる。そして、①訳文 ②原文 ③読み④語釈 ⑤解説 の順に記述する。なお、訳文詩句末の番号（1－5）は、第1章5番目の詩句を表わし、原文末括弧内の数字は、詩句全体の通し番号を表す。

ダンマパダ

1. 心はすべてに先立ち、われわれの心がすべてをつくり出す。
　　汚れた心で話し行えば、牛の引く荷車の車輪が牛の足跡に
　　ついていくように、苦しみがつきまとう。（1－1）

　　मनोपुब्बंगमा धम्मा मनोसेट्ठा मनोमया।
　　マノープッバンガマー・ダルマー・マノーセーシュター・マノーマヤー
　　मनसा चे पदुट्ठेन भासति वा करोति वा।
　　マナサー・チェー・パドゥッテーナ・バーサティ・ヴァー・カローティ・ヴァー
　　ततो नं दुक्खमन्वेति चकं व वहतो पदं ॥१॥
　　タトー・ナム・ドゥッカマンヴェーティ・チャッカム・ヴァ・ヴァハトー・パダム

　　　（註）मनोपुब्बंगमा 心が先立つ、धम्मा 心の状態、मनो 心が、सेट्ठा 最高
　　　　　の序列、मनोमया 心が作り出す、मनसा 心で、चे もしも、पदुट्ठेन
　　　　　汚れた、भासति 話す、वा または、करोति 行う、ततो ～すると、
　　　　　नं 彼に、दुक्खम् अन्वेति 苦しみがついて回る、चकं 車輪、व ～
　　　　　のように、वहतो 運ぶ、पदं 足、

　　心はすべてに先立ち、われわれの心がすべてをつくり出す。
　　清らかな心で話し行えば、幸せがついてくる。影がその人
　　から離れないように。（1－2）

　　मनो पुब्बङ्गमा धम्मा मनोसेट्ठा मनोमया।
　　マノープッバンガマー・ダルマー・マノーセーシュター・マノーマヤー
　　मनसा चे पसन्नेन भासति वा करोति वा।
　　マナサー・チェー・パサンネーナ・バーサティ・ヴァー・カローティ・ヴァー

ततो नं सुखमन्वेति छाया'व अनपायिनी ॥२॥

タトー・ナム・ド゙ゥッカマンヴ゙ェーティ・チャーヤーヴ゙ァ・アナパ゚ーイーー

(註) मनोपुब्बंगमा 心が先立つ、धम्मा 心の状態、मनो 心が、सेट्ठा 最高
の序列、मनोमया 心が作り出す、मनसा 心で、चे もしも、पसन्नेन 浄
らかな、भासति 話す、वा または、करोति 行う、ततो ～すると、नं
彼に、सुखमन्वेति 幸せが来る、छाया 影、इव ～のように、अनपायिनी
離れずに、

解説：ブッダは、この人間を中心におき、身体を構成する心、感
覚器官、行動器官のうち心に焦点を当てた。タントラのダ
ルシャナと同様、ブッダのダルシャナは、すみずみまで、
エネルギーの充満した空間、いわゆる「空」から、名前と
姿・形あるもの「色」が心によって顕れる。われわれは思
考・想念そのものであり、思考・想念によって、われわれ
は顕れる。思考・想念が、この世界をつくる。それがダン
マパダ全体を貫く特徴である。従って、静かで清らかな心
からは、そのような言葉が発せられ、行動もそのように行
われる。逆に、ざわついた汚れた心からは、そのような言
葉が発せられ、行動もそのように行われるから、幸せも不
幸も心によって決まる。

2. 真実でないものを真実のように思い、真実を真実でないように
思う者は、誤った思いにとらわれて、遂に真実には到達しない。

（1－11）

असारे सारमतिनो सारे चासारदस्सिनो ।

20

アサーレ・サーラマティノー・サーレ・チャーサーラダッシノー

ते सारं नाधिगच्छन्ति मिच्छासङ्कप्पगोचरा ॥११॥

テー・サーラム・ナディガッチャンティ・ミッチャーサンカッパゴーチャラー

(註) असारे　真実でないもの、सारमतिनो　真実のように思う、सारे　真実、
　　 च　そして、असारदस्सिनो　真実でないと思う、ते　彼ら、सारं　真実
　　 を、न　अधिगच्छन्ति　得られない、मिच्छासङ्कप्पगोचरा　誤った考えの
　　 牧草地、

真実を真実として理解し、真実でないものは真実ではないも
と理解している者は、その正しい思い通り、遂には真実に到
する。（1−12）

सारञ्च सारतो ञत्वा असारञ्च आसरतो ।

サーランチャ・サーラトー・ナトヴァー・アサーランチャ・アーサラトー

ते सारं अधिगच्छन्ति सम्मासङ्कप्पगोचारा ॥१२॥

テー・サーラム・アディガッチャンティ・サンマーサンカルパゴーチャラー

(註) सारम्　真実、सारतो　心が真実として、ञत्वा　理解すると、असारम्
　　 真実でないもの、आसरतो　真実でないものと、ते　彼ら、अधिगच्छन्ति
　　 得られる、सम्मासङ्कप्पगोचारा　正しいものとして、

解説：「想念」、「思考」は心の動き、大概は「妄想」が次から
　　　次へと湧いてきて「ロープが蛇に見える」喩えの通り
　　　である。無数の原子の粒のような想念1粒1粒が消え
　　　なければ真実は見えてこないし、そこには到達しない。

3. 粗末な普請の屋根は雨漏りするように、未発達な心には情欲が
   忍び込む。（1−13）

यथागारं दुच्छन्नं वुट्ठि समतिविज्झति।
ヤターガーラム・ドゥッチャンナ・ヴッティ・サマティヴィッジャティ

एवं अभावितं चित्तं रागो समतिविज्झति॥१३॥
エーヴァム・アバーヴィタム・チッタム・ラーゴー・サマティヴィッジャティ

（註）यथा 〜のように、अगारं 家、दुच्छन्नं 粗末な普請、वुट्ठि 雨、
   समतिविज्झति 雨漏りする、एवं 〜のように、अभावितं 未発達の、चित्तं
   心、रागोसमतिविज्झति 忍び込む、

**普請のしっかりした屋根に雨漏りがないように、発達した心に
情欲が忍び込むことはない。（1−14）**

यथागारं सुच्छन्नं वुट्ठि न समतिविज्झति।
ヤターガーラム・スッチャンナム・ヴッティ・ナ・サマティヴィッジャティ

एवं सुभावितं चित्तं रागो न समतिविज्झति॥१४॥
エーヴァム・スバーヴィタム・チッタム・ラーゴー・ナ・サマティヴィッジャティ

（註）यथा 〜のように、अगारं 家、सुच्छन्नं しっかりした普請、वुट्ठि 雨、
   न समतिविज्झति 雨漏りしない、सुभावितं 発達した、चित्तं 心、न
   रागोसमतिविज्झति 忍び込むことはない、

解説：「普請のしっかりした家」とは、「発達した心」のことで、
   常に静かな状態にある心のことである。その心を育てるこ
   とが大切で、それは呼吸と密接に結びついている。ブッダ
   も、タントラも、呼吸に留意する実践方法を具体的に示し

た。それが、ブッダの**アーナーパーナサティ**であり、本書の第2部、第3部で説明する**タントラの呼吸法**である。

4．胸の奥の洞窟に姿も形もなく住む心は、遠くをさまよい、独り放浪する。この心を手なずけることの出来る人は、死の束縛からも逃れられる。（3－5）

दूरङ्गमं एकचरं असरीरं गुहासयं ।

ドゥーランガ マン・エーカチャラム・アサリーラム・グハーサヤム

ये चित्तं सञ्ञमेस्सन्ति मोक्खन्ति मारबन्धना ।।३७।।

エー・チッタム・サンナーメーッサンティ・モーッカンティ・マーラバンダナー

（註）दूरङ्गमं 遠くに行く、एकचरं 独りで、असरीरं 形のない、गुहासयं 洞窟、ये 〜であるところの、चित्तं 心、सञ्ञमेस्सन्ति 手なづける、मोक्खन्ति 解放される、मारबन्धना 死の束縛から、

解説：心は、この身体のどこかに住み、姿・形のない存在。しかも、常に動き回る。その心を静めることほど難しいことはない。しかし、心が、呼吸に関連していると分かれば、この詩句にあるように死の束縛からも逃れることが出来る。

5．この身体は、水瓶のようにもろいものだと知っている人は、心を城壁のように堅固にして智慧の武器で死に立ち向かい、執着することなく、この征服したテリトリーを守れ。（3－8）

कुम्भूपमं कायमिमं विदित्वा नगरूपमं चित्तमिदं ठपेत्वा ।

クンブ ーパ マム・カーヤミマム・ヴィディ ィットヴ ァー・ナガ ラルーパ ム・チッタミダ ム・タペ ートヴ ァ

योधेथ मारं पञ्ञायुधेन जितं च रक्खे अनिवेसनो सिया ॥४०॥

ヨーデータ・マーラム・パンサーユデーナ・ジタム・チャ・ラッケー・アニヴェーサノー・シヤー

（註）कुम्भूपमं 水瓶のように、कायमिमं この身体、विदित्वा 知って、नगररूपमं 城郭都市のように、चित्तमिदं この心を、ठपेत्वा 堅固にして、योधेथ 立ち向かう、मारं 死、पञ्ञायुधेन 智慧の武器、जितं 征服、रक्खे 守るべき、अनिवेसनो 執着なく、सिया ～であるべき、

解説：心はこの身体と連動している。心を城壁のように、不動のものにしないと、水瓶のような身体は簡単に壊れてしまう。

6. この身体は、泡沫のようなもので、蜃気楼にも似た本性だと分かっている人は、死神の花の付いた矢をへし折って、死神の王に見られないようにするであろう。（4−3）

फेणूपमं कायमिमं विदित्वा मरीचिधम्मं अभिसम्बुधानो ।

ペーヌーパマム・カーヤミマム・ヴィディトヴァー・マリーチダムマム・アビサムブッダーナウ

छेत्वान मारस्स पपुप्फकानि अदस्सनं मच्चुराजस्स गच्छे ॥४६॥

チェートヴァーナ・マーラッサ・パプッパカーニ・アダッサナム・マッチュラージャッサ・ガッチエー

（註）फेणूपमं 泡沫に似て、कायमिमं この身体、विदित्वा 知って、मरीचिधम्मं 蜃気楼のような、अभिसम्बुधानो 分かると、छेत्वान 壊して、मारस्स 死神、पपुप्फकानि 矢じりに花の付いた矢、अदस्सनं 見えないこと、मच्चुराजस्स 死神の王、गच्छे ～するべき、

解説：前句同様、心は、まるで泡沫や蜃気楼のようなもの。強い欲望、憎しみ、無知の心に、死神が忍び寄る。

7. 花を摘むのに夢中になり、心奪われている人を死がさらってい
くように、まだ、眠っている村を洪水が押し流していく。

（4−4）

पुप्फानि हेव पचिनन्तं व्यासत्तमनसं नरं ।

プッパーニ・ヘーヴァ・パチナンタム・ヴィヤーサッタマナサム・ナラム

सुत्तं गामं महोघो 'व मच्चु आदाय गच्छति ॥४७॥

スッタム・ガーマム・マホーゴーヴァ・マッチュ・アーダーヤ・ガッチャティ

(註) पुप्फानि 花、हि एव まさに、पचिनन्तं 集める、व्यासत्तमनसं 心奪わ
れて、नरं 人を、सुत्तं 眠っている、गामं 村を、महोघो 大洪水が、
व ～のように、मच्चु 死、आदाय 不意に襲う、गच्छति 押し流す、

花を摘むのに夢中になり、心奪われている人が、まだ望みを果
たさないうちに、死が彼をさらっていく。（4−5）

पुप्फानि हेव पचिनन्तं व्यासत्तमनसं नरं ।

プッパーニ・ヘーヴァ・パチナンタム・ヴィヤーサッタマナサム・ナラム

अतित्तं येव कामेसु अन्तको कुरुते वसं ॥४८॥

アティッタム・ヘーヴァ・カーメース・アンタコー・クルテー・ヴァサム

(註) पुप्फानि 花、हि एव まさに、पचिनन्तं 集める、व्यासत्तमनसं 心奪わ
れて、नरं 人を、अतित्तं 望みを果たさない、येव まさに、कामेसु 夢
中になって、अन्तको 死、कुरुते वसं 無理矢理に～する、

解説：「花を夢中になって摘むこと」を感覚器官に譬えている。そ
の感覚器官を満足させる快楽や喜びに熱中していると、あ
っという間に過ぎてしまう。その時間は、あまりにも短い。
そのことを、ここでは警告している。

25

8. 蜜蜂は、花も傷つけず香りも損なわずに蜜だけを吸って花から
飛び去る。賢者なら同じよう村から村へ行脚せよ。（4-6）

यथापि भमरो पुप्फं वण्णगन्धं अहेठयं ।

ヤターピ・バマロー・プッパム・ヴァンナンダム・アヘータヤム

पलेति रसमादाय एवं गामे मुनी चरे ॥४९॥

パレーティ・ラサマーダーヤ・エーヴァム・ガーメー・ムニー・チャレー

（註）यथापि ～のように、भमरो 蜜蜂、पुप्फं 花、वण्णगन्धं 色と香り、
　　　अहेठयं 傷つけない、पलेति 飛び去る、रसमादाय 蜜を吸って、एवं
　　　～のように、गामे 村、मुनी 賢者、चरे 行脚すべき、

解説：当時、修行者は托鉢して各村を回り、食べ物の施しを受け
　　　た。村々を回る際の心構えを説いている。わが国では、四
　　　国の弘法大師空海の霊場を巡る「お遍路さん」などの場合
　　　も同様の「お接待」があり、地元の人々が宿や食事を提供
　　　してくれる習慣がある。このように、他の人のお世話をす
　　　ることの大切さは世界共通で、ホームステイなども同様で
　　　ある。私の場合、こんなことがあった。子供がホームステ
　　　イ先から帰国後、思いがけず両親も一度遊びに来い、と言
　　　って招いてくれた。アメリカ・ポートランドは薔薇の花の
　　　町、同じ来るなら「ローズ・フェスティバル」の時が良か
　　　ろう、と１０日間ほどこの家庭に滞在したことがある。
　　　これが縁となって、その後、私たちも、そこのお子さんを
　　　１ヶ月ほど預かった。

9. 美しく色鮮やかに咲く花でも香りの無いものがあるように、美しい言葉だけの人もある。（4−8）

यथापि रुचिरं पुप्फं वण्णवन्तं अगन्धकं ।

ヤターピ・ルーチラム・プッパム・ヴァンナヴァンタム・アガンダカム

एवं सुभासिता वाचा अफला होति अकुब्बतो ॥५१॥

エーヴァム・スバーシター・ヴァーチャー・アパラー・ホーティ・アクッバトー

(註) यथापि ～のように、रुचिरं 美しい、पुप्फं 花、वण्णवन्तं 色鮮やかな、अगन्धकं 香りのない、एवं ～のように、सुभासिता 美しい、वाचा 言葉の、अफला 実を結ばない、होति ～もある、अकुब्बतो ～しない、

美しく色鮮やかに咲く花で、しかも香り高いものがあるように、美しく善き言葉通り実行する人もある。（4−9）

यथापि रुचिरं पुप्फं वण्णवन्तं सगन्धकं ।

ヤターピ・ルーチラム・プッパム・ヴァンナヴァンタム・サガンダカム

एवं सुभासिता वाचा सफला होति सकुब्बतो ॥५२॥

エーヴァム・スバーシター・ヴァーチャー・サパラー・ホーティ・サクッバトー

(註) यथापि ～のように、रुचिरं 美しい、पुप्फं 花、वण्णवन्तं 色鮮やかな、सगन्धकं 香りの高い、एवं ～のように、सुभासिता 善い、वाचा 言葉の、सफला よく実のなる、होति ～もある、सकुब्बतो 実行する、

解説：言葉は、あくまでも心の動き、美しい言葉でも嘘があり、また、朴訥な言葉でも真理が隠れている。

10. 旅に出て、自分より優れた者か自分と同等の者に出会わなかったら、断固として独りで行け。愚か者と旅をしてはならぬ。

（5−2）

चरं　चे　नाधिगच्छेय्य　सेय्यं　सदिसमत्तनो ।

チャラム・チェー・ナーディガッチェーヤ・セーヤム・サディサマッタノー

एकचरियं　दल्हं　कयिरा　नत्थि　बाले　सहायता ॥६१॥

エーカチャリヤム・ダッラハム・カイラー・ナッティ・バーレ・サハーヤター

（註）चरं　旅人、चे　もし、न　～でなければ、अधिगच्छेय्य　見つかる、सेय्यं　～よりよい、सदिसम्　～と同じ、अत्तनो　～自分、एकचरियं　独りで、दल्हं　断固として、कयिरा　～すべき、न　अत्थि　～でない、बाले　愚か者、सहायता　一緒に、

解説：一生の間には、いろんな人との出会いがある。誰と一緒に旅をするのかは分からないが、この詩句のように独りの方がよい場合が多い。

11. 「私には子供があり、富もある」と愚か者は思い悩む。すでに、自己は自分のものではないのに、どうして子供が自分のものであろうか。また、どうして富が自分のものであろうか。

（5−3）

पुत्ता　मत्थि धनम्मत्थि　इति बालो विहञ्ञति ।

プッター・マッティ・ダナンムマッティ・イティ・バーロー・ヴィハンナティ

अत्ता हि अत्तनो नत्थि कुतो पुत्ता　कुतो धनं ॥६२॥

アッター・ヒ・アッタノー・ナッティ・クトー・プッター・クトー・ダナム

（註）पुत्ता　息子、मे　私に、अत्थि　～ある、धनम्मत्थि　富がある、इति　～と、बालो　子供、विहञ्ञति　思い悩む、अत्ता　自分、हि　まさに、

अत्तनो 自分の、कुतो どうして、धनं 富、

解説：パーリー語で「メ (मे)」というのは「私のもの」という意味で、「思いのまま自由に出来るという思い」である。ラマナ・マハルシが言ったとおり、一人称の「私」が出現すると、「私のもの (of me)」という想念が芽生える。しかし、「私とは何か？」「私とは誰か？」。すべては、天からの一時的な借り物や預かり物に過ぎない。

　インドにはバイラヴァ (भैरव)「震え上がらせる者」という言葉があるのをご存じだろうか。シヴァ神 (शिव)の別名で、一生の内に起こることは殆どないが、暴れると、時に遭遇することがある。昨年の夏、帰省途中に、追い越し禁止車線の対向車線から飛び出してきた居眠り運転の車にいきなりぶつけられた。大破した車が身代わりになって、私は命を救われたが、３台がからむ人身事故となった。幸い加害者も、もう一人の被害者も命は助かった。

　もし、この車に再び乗るのなら、シヴァ神はこれほどまでには壊されなかったであろう。この出来事は、もう、天に車を返しなさいということだと、廃車の手続きを取った。

１２．自分が愚かだと分かっている者は賢者である。自分は賢いとうぬぼれている者は、愚者と言われる。（５−４）

यो बालो मञ्जति बाल्यं पण्डितो वापि तेन सो ।
ヨー・バーロー・マンナティ・バールヤム・パンディトー・ヴァーピ・テーナ・ソー
बालो च पण्डितमानी स वे बालो 'ति वुच्चति ॥६३॥

バーロー・チャ・パンディタマーニ・サ・ヴェー・バーローティ・ヴッチャティ

(註) यो 〜であるところの、बालो 愚か者、मञ्जति 〜と分かっている、बाल्यं 愚か、पण्डितो 賢者、व 〜のように、अपि 〜も、तेन それ、सो それ、पण्डितमाने 自惚れている、स それ、वे まさに、वुच्चति 〜と言われる、

解説：サタジット・レイ監督のベンガル映画に「見知らぬ人」というのがある。幼い頃のこと、殆ど記憶のない叔父と名乗る男が突然訪ねてくる。姪の主人は、偽物かもしれないと、あれこれ正体を暴こうと試みる。この中に次のような台詞がある。

　　　　パスポートは、確かにアイデンティティを表すものであるが、人格までは表さない。それが分かるには、時間がかかる。

　　　学歴、肩書きも、同じように何の役にも立たない。ラーマ・クリシュナ、ラマナ・マハルシ、ヴィヴェーカーナンダなどは名刺を持ち歩くだろうか。

１３．無駄な言葉を千回喋るよりも、心静かになる有益な言葉を一つ聴く方が、はるかに良い。（８−１）

सहस्समपि चे वाचा अनत्थपदसंहिता ।
サハッサマピ・チェー・ヴァーチャー・アナッタパダ サンヒター
एकं अत्थपदं सेय्यो यं सुत्वा उपसम्मति ॥१००॥
エーカム・アッタパ ダ ム・セーヨー・ヤム・スットヴ ァ・ウパ サムマティ

(註) सहस्समपि　千もの、चे　もしも、वाचा　言葉、अनत्थपदसंहिता　無
駄な、एकं　1つの、अत्थपदं　有益な言葉、सेय्यो　より良い、यं　〜
であるところの、सुत्वा　聴く方が、उपसम्मति　心鎮まる、

**千の無益な詩句よりも、心静かになる有益な詩句を一つ聴く
方が、はるかに良い。（8－2）**

सहस्समपि चे गाथा अनत्थपदसंहिता ।
サハッサマピ・チェー・ガーター・アナッタパダサンヒター
एकं गाथपदं सेय्यो यं सुत्वा उपसम्मति ॥१०१॥
エーカム・ガータパダム・セーヨー・ヤム・スットヴァ・ウパサムマティ

(註) सहस्समपि　千もの、चे　もしも、गाथा　言葉、अनत्थपदसंहिता　無
益な、गाथपदं　詩句、सेय्यो　より良い、यं　〜であるところの、सुत्वा
聴く方が、उपसम्मति　心が静かになる、

解説：いつも言葉のことが取り上げられる。それほど言葉は心と
密接に関連し合っているわけで、心が動かないと言葉は発
生しない。言葉は口から発声されないからと言って、湧い
ていないとは言えず、発生の一連の過程の中で、最初は眼
から情報が入る。時代が変わってスマートフォンを持ち歩
く人が多い。観察すると気がつくが、バスに乗っても、電
車に乗っても、スマートフォンを手にして画面を見ていな
い人は殆どない。眼から入った情報は画像が殆どで、次い
で文字情報となる。メール、ＬＩＮＥなどをチェックする
と、返信のため、すぐに心が働きだす。口を使ってしゃべ
らなくても、それだけ想念、つまり、心が動いている。無

31

駄な千回の言葉とは、心の絶え間ない動きを象徴しており、必ずしも言葉の数ではない。電車の中でも、目を閉じて静かにしていよう。一駅乗り過ごしたとしても、スマートフォンをしまえば、簡単に心は安まる。

１４．裸のまま彷徨う行も、髷を結うことも、泥にまみれる行も、断食も、大地に裸で横たわる行も、塵やゴミにまみれる行も、うずくまる行も、疑いを克服出来ていない人を浄化しない。

(１０－１３)

न नग्गचरिया न जटा न पङ्का नानासका थण्डिलसायिका वा ।
ナ・ナンガ チャリヤー・ナ・ジャター・ナ・パンカー・ナーナーサカー・タンディ ラサーイカー・ヴァー
रजो च जल्लं उक्कुटिकप्पधानं सोधेन्ति मच्चं अवितिण्णकङ्खं ॥१४१॥
ラジョー・チャ・ジャッラム・ウックティカッパ カダーナム・ソーデーンティ・マッチャム・アヴィティンナカンカム

(註) न ～しない、नग्गचरिया 裸のまま彷徨う行、जटा 髷を結うこと、पङ्का 泥にまみれる行、आनासका 断食、थण्डिलसायिका 大地に裸で横たわる行、वा あるいは、रजो 塵、जल्लं ゴミ、उक्कुटिकप्पधानं うずくまる行、सोधेन्ति 浄化する、मच्चं 人を、अवितिण्णकङ्खं 疑いを克服出来ていない人、

解説：人は、見かけに騙される。まして、インターネットの世界になり、インスタグラムに代表される画像投稿サイトやＳＮＳなど視覚から多くの情報があふれるように入ってくる。この詩句は、見かけ上ヨーギーと言われる人の特徴を挙げ警告している。映画「ＰＫ」にも一本足で立つ行者の姿がユーモラスに描かれていた。

15. 若い頃、自己規律に気づかず、宝物として保持しなければ、
    魚のいない湖の中にいる年老いた白鷺のように非業の死を遂
    げる。（11－10）

अचरित्वा ब्रह्मचरियं अलद्धा योब्बने धनं ।

アチャリットヴァー・ブラフマチャリヤム・アラッダー－ヨーッバネー・ダナム

जिण्णकोञ्चा व झायन्ति खीणमच्छे व पल्लले ॥१५५॥

ジンナコーンチャー・ヴァ・ニャーヤンティ・キーナマッチェー・ヴァ・パッラレー

(註) अचरित्वा 〜せずに生きる、ब्रह्मचरियं 自己規律に、अलद्धा 得る
    ことなく、योब्बने 若い頃、धनं 精神的な宝物、जिण्णकोञ्चा 年老い
    た白鷺、व 〜のように、झायन्ति 死ぬ、खीणमच्छे 魚のいない、पल्लले
    小さな湖の中に、

若い頃、自己規律に気づかず、宝物として保持しなければ、
壊れた弓矢のように過去のことを嘆きながら悲しげな音を立
てる。（11－11）

अचरित्वा ब्रह्मचरियं अलद्धा योब्बने धनं ।

アチャリットヴァー・ブラフマチャリヤム・アラッダー－ヨーッバネー・ダナム

सेन्ति चापातिखीणा व पुराणानि अनुत्युनं ॥१५६॥

セーンティ・チャーパーティキーナー・ヴァ・プラーナーニ・アヌットユナム

(註) अचरित्वा 〜せずに生きる、ब्रह्मचरियं 自己規律に、अलद्धा 得る
    ことなく、योब्बने 若い頃、धनं 精神的な宝物、सेन्ति 横たわる、चाप
    अतिखीणा 放たれた矢、व 〜のように、पुराणानि 過去、अनुत्युनं 嘆
    く、

解説：福沢諭吉は、「勉強は、米を磨きながらでもできる」と言っ
　　　た。学校や大学だけが学ぶ場所ではないし、勉強は何も若
　　　い時に限ったことでもない。しかし、その時、最も大切な
　　　のは、自己規律である。それは、スワスタ（स्वस्थ）といっ
　　　て、心の静けさを保つことに他ならない。

１６．他人に助言するように、自分にも行え。自分をよく整えた人
　　　だけが、他人にも教えられる。それほど自分を整えるのは至
　　　難なのだ。（１２－３）

　　　अत्तनञ्चे तथा कयिरा यथञ्ञमनुसासति ।

　　　アッタナンチェ・タター・カイラー・ヤタンナマヌサーサティ

　　　सुदन्तो वत दम्मेथ अत्ता हि किर दुद्दमो ॥१५९॥

　　　スダ゛ント−・ヴァタ・ダ゛ンメ−タ・アッタ・ヒ・キラ・ド゛ゥッダ゛モ−

　　　（註）अत्तनम् 自己、चे もし、तथा そのように、कयिरा ～すべき、यथा
　　　　　そのように、अनुसासति 助言する、सुदन्तो よく整える、वत まさ
　　　　　に、दम्मेथ 整える、अत्ता 自己、हि まさに、किर それほど、दुद्दमो
　　　　　整えるのは至難、

解説：人に教えることなど出来ない。むしろ、質問によって多く
　　　の気づきが得られる。もし、師匠から教わって、それを人
　　　に伝えたとき、その人が理解してくれた時に、初めて自分
　　　が理解したことになる。２つの年齢のスケール（物差し）
　　　がある。通常の年齢の数え方、または、歳のとり方で５０
　　　歳は、ヨーガのサーダナー（自己を整える）においては０
　　　（ゼロ）目盛り、つまり、０歳のスタート地点である。こ

の物差しで見ると、６０歳で１０歳、７０歳で２０歳、８０歳でやっと３０歳になり、少し物事が見えてくる。。

１７．健康は最高の利得、満足は最上の宝、信頼出来る人は最高の身内、ニルヴァーナは最高の幸福。（１５－８）

आरोग्यपरमा लाभा सन्तुट्ठी परमं धनं ।

アーローギャパ ラマー・ラーバ ー・サントゥッティー・パ ラマム・ダ ナム

विस्सासपरमा ञाती निब्बानं परमं सुखं ॥२०४॥

ヴ ィッサーサパ ラマー・ナーティ・ニッパ ーナム・パ ラマム・スッカム

（註）आरोग्यपरमा 健康は最高の、लाभा 利得、सन्तुट्ठी 満足、परमं 最高の、धनं 宝物、विस्सासपरमा 信頼は最高の、ञाती 身内、निब्बानं ニルヴァーナ、सुखं 幸福、

解説：お金で買えないもの、換算できないもの、それが最高の利得である。この命、健康、満足が宝であり、それに、距離や時間に関係なく、いつも身近な存在としていてくれる信頼できる身内や友人、前述のスワスタ（स्वस्थ）は最高の幸福である。

１８．トゲのある言葉から身を守り、善き言葉に守られよ。誤った言葉に導かれた行いを慎め。正しい言葉に導かれて行動せよ。（１７－１２）

वचीपकोपं रक्खेय्य वाचाय संवुतो सिया ।

ヴ ァチーパ コーパ ム・ラッケーッヤ・ヴ ァーチャーヤ・サンヴ トー・シヤー

वची दुच्चरितं हित्वा वाचाय सुचरितं चरे ॥२३२॥

ヴァチー・ドゥッチャリータム・ヒットヴァー・ヴァーチャーヤ・スチャリタム・チャレー

(註) वचीप्पकोपं とげのある言葉、रक्खेय्य 守るべき、वाचाय 言葉に
　　よって、संवुतो 完全に鎮まった、सिया ～あるべき、वची 言葉、
　　दुच्चरितं 誤った行い、हित्वा 慎んで、वाचाय 言葉によって、सुचरितं
　　善き行い、चरे すべき、

解説：言葉は、心の動き、思考や想念の表現に他ならない。
　　心が波立てば、トゲのある言葉となり、心が静かなれば思
　　いやりのある優しい言葉となる。トゲのある言葉に導かれ
　　た行動があり、優しい言葉に導かれた思いやりのある行動
　　がある。身（行動）・口（言葉）・意（心）の一致とは、ま
　　さに、そのことである。

19. 賢者とは、この身体と、言葉と心をよく整え、すべてを申し分なく整えた人物のことである。（17−14）

कायेन संवुता धीरा अथो वाचाय संवुता ।

カーエーナ・サンヴゥター・ディーラー・アトー・ヴァーチャーヤ・サンヴゥター

मनसा संवुता धीरा ते वे सुपरिसंवुता ॥२३४॥

マナサー・サンヴゥター・ディーラー・テー・ヴェー・スパリサンヴゥター

(註) कायेन 身体によって、संवुता 整え、धीरा 賢者、अथो そし
　　て、वाचाय 言葉によって、मनसा 心によって、ते それ、वे
　　まさに、सुपरिसंवुता 申し分なく整えた、

解説：賢者とは、この身（行動）・口（言葉）・意（心）が一致

36

した人を表している。

20. 学ぶことがないと、聖典にシミが付く。家を放置すると傷ん
でくる。身なりを怠ると美しさが損なわれる。監視を怠ると
危険から身を守れない。（18－7）

असज्झायमला मन्ता अनुट्ठानमला घरा ।

アサッジャーヤマラァ・マントー・アヌッターナマラー・ガラー

मलं वण्णस्स कोसज्जं पमादो रक्खतो मलं ॥२४१॥

マラム・ヴァンナッサ・コーサッジ ャム・パマード ー・ラッカトー・マラム

(註) असज्झाय 学ぶことがないと、मला シミ、मन्ता 聖典、अनुट्ठान 放
置、घरा 家、मलं 不純、वण्णस्स 色合い、कोसज्जं 怠り、पमादो 投
げやりの態度、रक्खतो 身を守る、मलं シミ、

解説：家も人が住まなくなり放置すると驚くほど傷んでくるのが
早い。同じように、毎日、少しずつの絶え間ない学びの継
続こそが大きな力となる。

21. 他人の欠点を探すはたやすいが、自分のことは分からない。
人は、他人の欠点をあばいて籾殻のようにまき散らす。自分
のこととなると、まるで、いかさまサイコロ賭博師のように
隠しまくる。（18－18）

सुदस्सं वज्जमज्जेसं अत्तनो पन दुद्दसं ।

サダ ッサム・ヴ ァッジ ャマンネーサム・アッタノー・パ ナ・ド ゥッダ サム

परेसं हि सो वज्जानि ओपुणाति यथाभुसं ।

パレーサム・ヒ・ソー・ヴァッジャーニ・オープナーティ・ヤターブサム

अत्तनो पन छादेति कलिं व कितवा सठो ॥२५२॥

アッタノー・パナ・チャーデ ーティ・カリム・ヴァ・キタヴァー・サトー

(註) सदस्सं 見るのは容易い、वज्जमञ्ञेसं 他人の欠点、अत्तनो 自
己、पन まさに、दुद्दसं 見るのは困難、परेसं 他人、हि ま
さに、सो それ、वज्जानि 欠点、ओपुणाति 曝す、यथा ～の
ように、भुसं 籾殻、छादेति 隠す、कलिं サイコロの目が悪
い、व あるいは、कितवा サイコロの目が良い、सठो だま
すつもりの、

解説：国家の形態をとるこの世の中は、法治国家である限り、法
律によって物事が決められる。そうすると、時に法律に違
反しなければ、すり抜けられると考える人が出てくる。
言葉は巧みで、如才なく、一見、誠実そうに見えるが、他
人の欠点を暴き、自分のこととなると、実際にやっている
ことを嘘で隠しまくる。ブッダは、いつの時代でも、そう
いった人物のことを非常に厳しく見ている。

２２．頭髪が白くなったから老人とは言えない。空しく歳をとった だけなら「老いぼれ」と言われる。（１９－５）

न तेन थेरो होति येनस्स पलितं सिरो ।

ナ・テーナ・テーロー・ホーティ・エーナッサ・パリタム・シロー

परिपक्को वयो तस्य मोघजिण्णो ति वुच्चति ॥२६०॥

パリパッコー・ヴァヨー・タッサ・モーガジ ンノーッティ・ヴッチャティ

(註) न ～ではない、तेन それによって、थेरो 年老いた、होति ～な

る、येनस्स ～であるところの、फलितं 灰色、सिरो 頭、परिपक्को 老
成した、वयो 歳、मोघजिण्णो むなしく年をとる、ति ～と、वुच्चति 言
言われる、

解説：詩句（15－8）のように、年を取っても健康であること
　　　が、何よりも最高の利得で、歳を数えた実際の年齢ではな
　　　い。常に学ぶことを忘れると、サーダナーの年齢の物差し
　　　による数え方を忘れてしまう。前述のように80歳は、3
　　　0歳であり、やっとものごとがわかり始めた歳に過ぎない。

23. 頭を丸め、剃髪したからといって仏道を修行している人かどうかは分からない。道徳に反し、嘘をつき、欲が深く、何でも欲しがる人が、どうしてそう言えるだろうか。（19－9）

न मण्डकेन समणो अब्बतो अलिकं भणं ।
ナ・マンダ ケーナ・サマノー・アッブ トー・アリカム・バ ナム
इच्छालोभसमापन्नो समणो किं भविस्सति ॥२६४॥
イッチャーローバ サマーパ ンノー・サマノー・キム・バ ヴィッサティ
(註) न ～ではない、मण्डकेन 剃髪によって、समणो 修行僧、अब्बतो
　　　道徳に反した、अलिकं 嘘を、भणं 言う、इच्छालोभसमापन्नो 欲深い、
　　　किं どうして、भविस्सति ～であろうか、

解説：ヨーギーと言えば、超絶的なアーサナが出来、超能力的な
　　　力を備えた人だと思っている人が多い。佐保田鶴治先生は、
　　　「ヨーガは真似事ではない」とおっしゃったように、剃髪
　　　し衣を来ている人なら仏道修行者と言えるかどうかは分か

らない。われわれは、外見や肩書に自分自身が騙される。
騙すのは、その人ではなく自分自身の思い込みである。
一度、それらを全部はずして、その人を見よう。

２４. 言葉を慎み、心を落ち着けよ。道理に外れた行いを本人がす
　　べきでない。この３つの行いの浄性を保てば、ブッダの述べ
　　た道を達成したことになる。（２０−９）

　　　वाचानुरक्खो　मनसा　सुसंवुतो　कायेन　च　अकुसलं　न　कयिरा ।
　　　ヴァーチャーヌラッコー・マナサー・スッカムヴ゛トー・カーエーナ・チャ・アクサラム・ナ・カイラー
　　　एते　तयो　कम्मपथे　विसोधये　आरधये　मग्गमिसिप्पवेदितजं ॥२८१॥
　　　エーテ・タヨー・カムマパテー・ヴ゛ィソーダ エー・アーラダ エー・マッガ ミシッパ ヴ゛ェーディタジ ャム
　　　(註) वाच अनुरक्खो 言葉を慎む、मनसा 心によって、सुसंवुतो 落ち着
　　　　　 ける、कायेन 身体によって、च そして、अकुसलं 誤ったことを、
　　　　　 न कयिरा しない、एते これを、तयो ３つの、कम्मपथे 行いの途、
　　　　　 विसोधये 浄性を保つ、आरधये 達成する、मग्गम् इसिप्पवेदितजं ブ
　　　　　 ッダの述べた、

解説：詩句（１７−１４）のように、３つの行いの浄性とは、**心**
　　　（意）と**言葉**（口）と**行い**（身）がすべて一致することで
　　　あり、そうした人物こそブッダの述べた道を達成した人と
　　　言うことが出来る。

２５. 善き人々は、遠くにいても、雪を頂く山々のように輝いてい
　　る。悪しき人々は、闇夜に放たれた矢のように近くにいても
　　見えない。（２１−５）

दुरे सन्तो पकासेन्ति हिमवन्तो व पब्बतो ।

ドゥレー・サントー・パカーセーンティ・ヒマヴァントー・ヴァ・パッバトー

असन्तोत्थ न दिस्सन्ति रत्तिंखित्ता तथा सरा ॥३०४॥

アサントーティヤ・ナ・ディッサンティ・ラッティンキッター・タター・サラー

(註) दुरे 遠くにいる、सन्तो 善き人々、पकासेन्ति 輝いている、हिमवन्तो
　　पब्बतो 雪の山、व 〜のように、असन्त एत्थ この世の悪しき人々、न
　　दिस्सन्ति 見えない、रत्तिंखित्ता सरा 放たれた矢、तथा 〜のように、

解説：師である人々は、不滅であって、輝ける存在なので、望め
　　　ば、誰でも、いつでもアクセスできる。

２６．袈裟をまといながら性質悪く、慎みなき者ばかりがやたら多
　　　い。この様な輩は、その振る舞いによって、やがて地獄に落
　　　ちる。（２２−２）

कासावकंठा बहवो पापधम्मा असञ्ञता ।

カーサーヴァカンター・バハヴォー・パーパダンマー・アサンナター

पापा पापेहि कम्मेहि निरयन्ते उपपज्जरे ॥३०७॥

パーパー・パーペーヒ・カンメーヒ・ニラヤンテー・ウパパッジャレー

(註) कासावकंठा 黄色の袈裟を纏う、बहवो 多い、पापधम्मा 性質悪く、
　　असञ्ञता 慎みのない、पापा 悪い、पापेहि その悪徳によって、
　　कम्मेहि 行いによって、निरयन्ते 地獄に、उपपज्जरे 落ちる、

解説：著名人でセクハラやパワハラなどの問題を起こす例が後を
　　　絶たない。序説で述べたように、ブッダはとりわけ社会で

指導的な立場にある人に対して厳しい目を注いでいる。その中でも、特に、宗教や教育に関わる人物が、説いていることと、為すことが不一致であると世間から嘲笑の的となる。泥棒を捕まえてみたら警官だった、というようなことも起きる。

　社会で指導的立場にある人に求められる必須の心構え、責務を表すフランス語のnoblesse obligeという言葉は死語になってしまった。この言葉を辞書で確かめてほしい。

２７．　他人の妻を追っかけ回す放逸な男は、やがて４つの事柄に遭遇する。即ち、禍をまねき、安眠できず、非難され、しまいに地獄に堕ちる。（２２－４）

　　　चत्तारि ठानानि नरो पमत्तो आपज्जती परदारूपसेवी ।
　　　チャッタリ・ターナーニ・ナロー・パマットー・アーパッジャティー・パラダ ールーパセーヴィー
　　　अपुञ्जलाभं न निकामसेय्यं निन्दं ततियं निरयं च तुत्थं ॥३०९॥
　　　アプンガラーバ ム・ナ・ニカーマセーッヤム・ニンダ ム・タティヤム・ニラヤム・チャ・トゥッタム
　　　（註）चत्तारि　４つの、ठानानि 状態、नरो 男は、पमत्तो 放逸な、आपज्जती
　　　　　　遭遇する、परदारूपसेवी 他人の妻を追っかける、अपुञ्जलाभं 積み
　　　　　　重なる、न निकामसेय्यं 安眠できない、निन्दं 非難、ततियं ３番目
　　　　　　に、निरयं 地獄、च そして、चतुत्थं ４番目に、

２８．　悪いことをするよりも、何もしない方がよい。悪いことをすると、後で後悔する。やってしまった後で後悔するようなことをするよりも、善いことをしなさい。（２２－９）

अकतं दुक्कतं सेय्यो पच्छा तपति दुक्कतं।

アカタム・ドゥッカタム・セーッヨー・パッチャー・タパティ・ドゥッカタム

कतञ्च सुकतं सेय्यो यं कत्वा नानुतप्पति ॥३१४॥

カタンチャ・スカタム・セーッヨー・ヤム・カットヴァー・ナーヌタッパティ

(註) अकतं ～しない、दुक्कतं 悪い行い、सेय्यो ～より良い、पच्छा 後
で、तपति 後悔する、दुक्कतं 悪い行い、सुकतं कतम् 善い行いをす
ると、सेय्यो ～より良い、यं ～であるところの、कत्वा やった後
で、न अनुतप्पति 後悔しない、

解説：この２つの詩句は、カルマ（行為）とその結果について述
べている。しかし、パーリー語からの漢訳（中国語訳）は、
日本語で使う漢字の意味との混同が起こる。漢訳の**業**は、
カルマ（कर्मन्）で、**行**は、サンスカーラ（संस्कार）である。
この両者は、時々、間違って理解されている。それは、日
本人が一般的に使う「業（ごう）が深い」という表現との
理解の混同であって、原語のカルマに、そのような意味は
全くない。カルマは、クリ（動詞語根√कृ）「行う、～する」
から来ていて、あくまで「行為」を表している。この際、
触れておこうと思うがパタンジャリの「ヨーガスートラ」
において、佐保田鶴治先生の「解説ヨーガスートラ」第２
章の第１２詩句は次のように訳されている。（『ヨーガ根本
経典』８９頁）

**業遺存は、煩悩を根因とし、現世において或いは他生におい
て経験される可能性を持っている。**

注意深く次の解説を読めば明らかだが、

「**業遺存**（カルマ・アーシャヤ）は前述の**行**（経験の潜在的残存
印象）の一種である。」

となっているように、**業**はカルマ、**行**はサンスカーラである
ことに注意しないと意味は分からない。

従って、ブッダがこの２つの詩句で述べていることは、カルマ・アーシャヤは種子として、以前に行った行為の結果を、心がメリット、デメリットとして受け入れる痕跡であって、それが将来発芽する可能性があるから、「善いことをしなさい」と言っているわけである。（拙著『サーンキャとヨーガ』１３５頁も参照されたい。）

　同じ漢字でも、中国語の例を挙げると「道」はタオ（TAO）、真理の意味となる。

２９. 辺境にあって城壁に囲まれた都市は、内外共に守られている。
　　その様に自分自身を守れ。一瞬たりとも空しく時を過ごすな。
　　空しく過ごすと、苦しみ、地獄に追いやることとなる。

（２２−１０）

नगरं यथा पच्चन्तं गुत्तं सन्तरबाहिरं
ナガ゛ラム・ヤター・パ゜ッチャンタム・グ゛タム・サンタラバ゛ーヒラム
एवं गोपेथ अत्तानं खणो वे मा उपच्चगा ।
エーヴ゛ァム・ゴ゛ーペ゜ータ・アッターナム・カノ・ヴ゛ェー・マー・ウパ゜ッチャガ゛ー

खणातीता हि सोचन्ति निरयम्हि समप्पिता ॥३१५॥

カナーティーター・ヒ・ソーチャンティ・ニラヤムヒ・サマッピ ター

(註) नगरं 都市、यथा 〜のような、पच्चन्तं 辺境の、गुत्तं 守られた、सन्तरबाहिरं 内外共に、एवं このように、गोपेथ 守れ、अत्तानं 自己を、खणो 一瞬たりとも、वे お前たちの、मा 〜するな、उपच्चगा 過ごす、खणातीता 空しく過ごした人、हि まさに、सोचन्ति 苦しむ、निरयम्हि 地獄、समप्पिता 落ちる、

解説：心が静かであれば、それが自分自身をいつも守っていることになる。

30. 短所は短所として、長所は長所として、よくわきまえている人は、正しい原理に基づいて至福の場所へと赴く。

（22−14）

वज्जञ्च वज्जतो ञत्वा अवज्जञ्च अवज्जतो ।

ヴ ァッジ ャンチャ・ヴ ァッジ ャトー・ナットヴ ァー・アヴ ァッジ ャンチャ・アヴ ァッジ ャトー

सम्मादिट्ठिसमादाना सत्ता गच्छन्ति सुग्गतिं ॥३१९॥

サンマーデ ィッティサマーダ ーナー・サッター・ガ ッチャンティ・スッガ ティム

(註) वज्जं 欠点、च 〜も、वज्जतो 欠点として、ञत्वा 知って、अवज्जं 欠点でないもの、च 〜も、अवज्जतो 欠点でないと、सम्मा दिट्ठि समादाना 適切に認める、सत्ता 人は、गच्छन्ति 行き着く、सुग्गतिं 善き存在、

解説：自分自身を知ることほど難しいことはないが、「私とは誰か？」の問いかけを常に忘れないように、と言ったのはラマナ・マハルシである。

31. 戦場の象は、矢で射られても、じっと堪え忍ぶ。性質の悪い
　　 人があまりも多いが、（私は）人からの誹りも堪え忍ぼう。

$$(23-14)$$

अहं नागोव सङ्गामे चापतो पतितं सरं।

アハム・ナーゴ ーヴ ァ・サンガーメー・チャーパトー・パ ティタム・サラム

अतिवाक्यं तितिक्खिस्सं दुस्सीलो हि बहुज्जनो ॥३२०॥

アティヴ ァーキャム・ティティッキッサム・ド ゥッシーローー・ヒ・バ フ ッジ ャノー

(註) अहं 私は、नागोव 象、सङ्गामे 戦場で、चापतो 弓で、पतितं
　　　 射たれても、सरं 矢を、अतिवाक्यं 非難、तितिक्खिस्सं に堪
　　　 え忍ぼう、दुस्सीलो 性質の悪い、हि まさに、बहुज्जनो 多く
　　　 の人、

32. 愚か者を伴侶とするな。独りの方がよい。独りで生涯をおく
　　 り悪いことはすべきでない。森に住む象の如く、わずかな満
　　 足で事足れりとせよ。（23-11）

एकस्स चरितं सेय्यो नत्थि बाले सहायता।

エーカッサ・チャリタム・セーッヨー・ナッティ・バ ーレー・サハーヤター

एको चरे न च पापानि कयिरा।

エーコー・チャレー・ナ・チャ・パ ーパ ーニ・カイラー

अप्पोस्सुको मातङ्गरञ्ञेव नागो ॥३३०॥

アッポ ーッスッコー・マータンガ ランネーヴ ァ・ナーゴ ー

(註) एकस्स 独りで、चरितं 行動する、सेय्यो ～よりよい、न अत्थि
　　　 ～でない、बाले 愚か者、सहायता ～と共に、एको 独りで、चरे
　　　 住むべき、च そして、चरे に、न ～でない、पापानि 悪いこと

46

を、कयिरा する、अप्पोस्सुक्को 少しの望みで、मातङ्गरञ्ञेव 象の住
む森、नागो 象

解説：詩句（５－２）とも関連する。ここでも「独り」、エーカ（एकम्）
　　　という言葉は、ア・ドヴァイタ（अद्वैत 不二、２ではない）、
　　　常に１つの全体（「空」と「色」重ね合わせの状態）を象徴し、
　　　それを意識して行動し、生涯をおくることを意味している。

**３３.　欲しいままに振る舞う人は、蔓草のように、人のことなど気
　　　　にかけない。森で猿が果実を探し求めるように動き回る。**

（２４－１）

मनुजस्स पमत्तचारितो तण्हा वड्ढति मालुवा विय ।

マヌジ ャッサ・パ マッタチャーリトー・タンハー・ヴ ァンダ ダ ティ・マールヴ ァー・ヴ ィヤ

सो प्लवति हुराहुरं फलमिच्छं व वनस्मिं वानरो ॥३३४॥

ソー・パ ラヴ ァティ・フラーフラム・パ ラミッチャム・ヴ ァ ナスミン・ヴ ァーナロー

（註）मनुजस्स 人は、पमत्तचारितो 不注意な振る舞い、तण्हा 欲しいま
　　　まの、वड्ढति 増加、मालुवा 蔓草、विय ～のように、सो それ、
　　　प्लवति あてもなくさまよう、हुराहुरं あちこち、फलम् इच्छं 果実
　　　を欲しがる、व ～ように、वनस्मिं 森林、वानरो 猿、

解説：際限のない欲望をむさぼっても、結末は破滅しかない。
　　　豊かさを追求してきた、この地球も、相次ぐ気候異変が示
　　　すように新たな時代に入っている。

**３４.　樹を切り倒しても頑強な根っこを取り除かなければ、再び
　　　　樹はよみがえる。潜在する渇望の根を絶たなければ、苦しみ**

47

は何度も現れる。（24-5）

यथापि मूले अनुपद्दवे दल्हे छिन्नोपि रुक्खो पुनरेव रूहति ।

ヤターピ・ムーレ・アヌパッダヴェー・ダラヘー・チンノーピ・ルッコー・プナレーヴァ・ルーハティ

एवम्मि तण्हानुसये अनूहत निब्बत्तति दुक्खमिदं पुनप्पुनं ॥३३८॥

エーヴァムピ・タンハーヌサエー・アヌーハタ・ニバッタティ・ドゥッカミダム・プナップナム

（註）यथापि そのように、मूले 根っこ、अनुपद्दवे 取り除かなければ、दल्हे 持ちがよい、छिन्नो 切り倒す、पि また、रुक्खो 樹、पुनः एव 再び、रूहति 成長する、एवम्मि このようにして、तण्हानुसये 休止状態の欲望、अनूहत なくなったのではなく、निब्बत्तति よみがえる、दुक्खमिदं 苦しみ、पुनप्पुनं 何度も何度も、

解説：渇望の壊滅、その根を絶つことの難しさが述べられている。

35. 真理の教えは、すべての贈り物に勝り、教えの滋味は、すべての味に勝り、教えの喜悦は、すべての喜びに勝る。渇望を壊滅すると、あらゆる苦しみを克服する。（24-21）

सब्बदानं धम्मदानं जिनाति सब्बं रसं धम्मरसो जिनाति ।

サッバダーナム・ダンマダーナム・ジナーティ・サッバム・ラサム・ダンマラソー・ジナーティ

सब्बं रतिं धम्मरसो जिनाति तण्हक्खयो सब्बदुक्खं जिनाति ॥३५४॥

サッバム・ラティム・ダンマラソー・ジナーティ・タンハッカヨー・サッバドゥッカム・ジナーティ

（註）सब्बदानं すべての贈り物、धम्मदानं 真理の教えの贈り物、जिनाति より勝る、सब्बं रसं すべての味に、धम्मरसो 真理の滋味、जिनाति より勝る、सब्बं रतिं すべての喜びに、धम्मरसो 真理の喜悦、जिनाति より勝る、तण्हक्खयो 渇望の壊滅、सब्बदुक्खं すべての苦しみ、जिनाति

　　克服する、

解説：何が最高の贈り物か？何が最高の味か？何が最高の喜び
　　　か？どうすればあらゆる苦しみを克服出来るのか？
　　　この、４つの問いに対する答えである。

**３６．田畑は、雑草によって荒廃し、この世では、人々は愛欲によ
　　　って破滅する。従って、愛欲のなくなった人々には、豊かな
　　　果実が与えられる。（２４－２３）**

　　　तिणदोसानि खेत्तानि रागदोसा अयं पजा।
　　　ティナドーサーニ・ケーッターニ・ラーガドーサー・アヤム・パジャー
　　　तस्मा हि वीतरागेसु दिन्नं होति महप्फलं ॥३५६॥
　　　タスマー・ヒ・ヴィータラーゲース・ディンナム・ホーティ・マハッパラム

　　　（註）तिणदोसानि 雑草による荒廃、खेत्तानि 田畑、रागदोसा 愛欲によ
　　　　　る破滅、अयं この世の、पजा 人々は、तस्मा हि それ故、वीतरागेसु
　　　　　愛欲のなくなった人々に、दिन्नं होति に与えられた、महप्फलं 贈
　　　　　り物、

解説：ここから、最初の構文、田畑が雑草によって荒廃するよう
　　　に、続く以下２つの構文によって、それぞれ何によって破
　　　滅するのか、それがなくなれば何が与えられるのかが３つ
　　　の構文によって示される。この詩句では、強い欲望のうち
　　　肉欲、愛欲が人を破滅させる。それがなくなった人には、
　　　豊かな果実が自然に与えられることが述べられている。

田畑は、雑草によって荒廃し、この世では、人々は憎しみによって破滅する。従って、憎しみのなくなった人々には、豊かな果実が与えられる。（24-24）

तिणदोसानि खेत्तानि दोसदोसा अयं पजा ।

ティナド ーサーニ・ケーッターニ・ドーサドーサー・アヤム・パジャー

तस्मा हि वीतदोसेसु दिन्नं होति महप्फलं ॥३५७॥

タスマー・ヒ・ヴィータドーセース・ディンナム・ホーティ・マハッパラム

(註) तिणदोसानि 雑草による荒廃、खेत्तानि 田畑、दोसदोसा 憎しみによる破滅、अयं この世の、पजा 人々は、तस्मा हि それ故、वीतदोसेसु 憎しみのなくなった人々に、दिन्नं होति に与えられた、महप्फलं 贈り物、

解説：続く、この詩句では、憎しみが人を破滅させ、それがなくなった人には、豊かな果実が自然に与えられることが述べられている。

田畑は、雑草によって荒廃し、この世では、人々は妄想によって破滅する。従って、妄想のなくなった人々には、豊かな果実が与えられる。（24-25）

तिणदोसानि खेत्तानि मोहदोसा अयं पजा ।

ティナド ーサーニ・ケーッターニ・モーハドーサー・アヤム・パジャー

तस्मा हि वीतमोहेसु दिन्नं होति महप्फलं ॥३५८॥

タスマー・ヒ・ヴィータモーヘース・ディンナム・ホーティ・マハッパラム

(註) तिणदोसानि 雑草による荒廃、खेत्तानि 田畑、मोहदोसा 妄想によ
る破滅、अयं この世の、पजा 人々は、तस्मा हि それ故、वीतमोहेसु
妄想のなくなった人々に、दिन्नं होति に与えられた、महप्फलं 贈
り物、

解説：続いで、この詩句では、妄想が人を破滅させ、それがなく
なった人には、豊かな果実が自然に与えられることが述べ
られている。

**田畑は、雑草によって荒廃し、この世では、人々は欲望によ
って破滅する。従って、欲望のなくなった人々には、豊かな
果実が与えられる。（24－26）**

तिणदोसानि खेत्तानि इच्छादोसा अयं पजा ।

ティナドーサーニ・ケーッターニ・イッチャードーサー・アヤム・パジャー

तस्मा हि वीतगतिच्छेसु दिन्नं होति महप्फलं ॥३५९॥

タスマー・ヒ・ヴィータガティッチェース・ディンナム・ホーティ・マハッパラム

(註) तिणदोसानि 雑草による荒廃、खेत्तानि 田畑、इच्छादोसा 欲望に
よる破滅、अयं この世の、पजा 人々は、तस्मा हि それ故、
वीतगतिच्छेसु 欲望のなくなった人々に、दिन्नं होति に与えられた、
महप्फलं 贈り物、

解説：最後に、この詩句では、いつまでたってもなくならない欲
望が人を破滅させる。それがなくなった人には、豊かな果
実が自然に与えられることが述べられている。

51

37. 眼について慎むのは良いことである。耳についても、鼻についても、舌についても、同じように良いことである。

（25－1）

चक्खुना संवरो साधु साधु सोतेन संवरो ।

チャックナー・サンヴァロー・サードゥ・サードゥ・ソーテーナ・サンヴァロー

धाणेन संवरो साधु साधु जिह्वाय सवरो ॥३६०॥

ダーネーナ・サンヴァロー・サードゥ・サードゥ・ジフヴァーヤ・サヴァロー

(註) चक्खुना 眼によって、संवरो 慎むこと、साधु よいこと、सोतेन 耳によって、संवरो 慎むこと、धाणेन 鼻によって、संवरो 慎むこと、साधु よいこと、जिह्वाय 舌によって、सवरो 慎むこと、

解説：外界世界から情報をキャッチする５つの感覚器官（眼、耳、鼻、舌、皮膚）と同時に働く心についての説明になる。この詩句から、原語ではビック（真理について気づく修行者、比丘 भिक्खु）とは、どのような人なのかについて、順に、ブッダが述べている。

38. 行動について慎むのは良いことである。言葉についても、心についても、あらゆるところで慎むのは、良いことである。あらゆるところで慎み深くすれば、修行者は、すべての苦しみから自由になる。（25－2）

कायेन संवरो साधु साधु वाचाय संवरो ।

カーエーナ・サンヴァロー・サードゥ・サードゥ・ヴァーチャーヤ・サンヴァロー

मनसा संवरो साधु साधु सब्बथ संवरो ।

マナサー・サンヴァロー・サードゥ・サードゥ・サッバタ・・サンヴァロー

सब्बत्थ संवुतो भिक्खु सब्बदुक्खा पमुच्चति ॥३६१॥

サッバッタ・サンヴト・ビック・サッバ ドゥッカー・パ ムッチャティ

(註) कायेन 身体の動き、संवरो 慎むこと、साधु よいこと、वाचाय 言葉によって、संवरो 慎むこと、मनसा 心によって、संवरो 慎むこと、साधु よいこと、सब्बथ あらゆるところで、संवरो 慎むこと、सब्बत्थ あらゆるところで、संवुतो 鎮まった、भिक्खु 修行者、सब्बदुक्खा すべての苦しみ、पमुच्चति 自由になる、

39. 手、足、言葉について慎むのは良いことである。完全な慎み深さによって内なる喜びが確立し、独りでいることに満足している人を修行者と人は呼ぶ。（25−2）

हत्थसञ्ञतो पादसञ्ञतो वाचाय सञ्ञतो सञ्ञतुत्तमो ।

ハッタサンナト−・パーダ サンナト−・ヴァーチャーヤ・サンナト−・サンナトゥッタモ−

अज्झत्तरतो समाहित एको सन्तुसितो तमाहु भिक्खु ॥३६२॥

アッジャッタラト−・サマーヒタ・エーコー・サントゥシト−・タマーフ・ビック

(註) हत्थसञ्ञतो 手を出さないこと、पादसञ्ञतो 足に頼らないこと、वाचाय सञ्ञतो 言葉を慎むこと、सञ्ञतुत्तमो 完全に鎮めること、अज्झत्तरतो 内なる喜びで、समाहित にとどまる、एको 独り、सन्तुसितो 満足、तम् आहु そのように言った、भिक्खु 修行者、

解説：感覚器官に次いで、行動器官の言葉、手、足などについて述べている。

40. 修行者の慎み深い言葉は、誠に心地よく、思慮深く響き、奢ることのない説明は、真理を説くにふさわしい。

यो मुखसञ्ञतो भिक्खु मन्तभाणी अनुद्धतो ।

ヨー・ムカサンナトー・ビック・マンタバーニー・アヌッダトー

अत्थं धम्मञ्च दीपेति मधुरं तस्स भासितं ॥३६३॥

アッタム・ダンマンチャ・ディーペーティ・マドゥラム・タッサ・バーシタム

（註）यो ～であるところの人、मुखसञ्ञतो 慎み深い言葉、भिक्खु 修
行者、मन्तभाणी 聖典を説く者、अनुद्धतो 奢らず、अत्थं 思慮に富
んだ、धम्मं 真理、च そして、दीपेति 表す、मधुरं 心地よい、तस्स
भासितं その言葉、

解説：ダルマを説く者の語り口は、おだやかで、奢らず、賢明さ
　　　がにじみ出ることがふさわしい。

41. 名前と形あるものすべてに、私のものという思いのない者に、
　　もはや、存在しないものに対する悲しみなどはない。彼こそ
　　真の修行者だと人は呼ぶ。（25-8）

सब्बसो नामरूपस्मिं यस्य नत्थि ममायितं ।

サッバソー・ナーマルーパスミン・ヤッサ・ナッティ・ママーイタム

असता च न सोचति स वे भिक्खूति वुच्चति ॥३६७॥

アサター・チャ・ナ・ソーチャティ・サ・ヴェー・ビックークーティ・ヴッチャティ

（註）सब्बसो すべてに、नामरूपस्मिं 名前と形あるもの、यस्य ～とこ
ろの、न अत्थि ～でない、ममायितं 思い、執着、असता 存在しな
いもの、च そして、न सोचति 悲しまない、स それは、वे まさ
に、भिक्खु 修行者、ति ～と、वुच्चति 呼ばれる、

54

解説：ナーマ（नाम）とルーパ（रूप）は、この世を象徴する表現
　　　で、空なるビンドゥから「振り子の原理」に従って顕れる。
　　　従って、見えたり、見えなくなったりする。

　　　拙著『サンスクリット原典から学ぶ般若心経入門』では、
　　　「空即是色」をあまり詳しく説明しなかったのは、どうし
　　　てもタントラのダルシャナの理解が必要だったからである。
　　　われわれの目に見える（サーンキャでは、ヴィヤクタ व्यक्त
　　　と説明された）状態も、目には見えなくなった（サーンキ
　　　ャでは、アヴィヤクタ अव्यक्त と説明された）状態も、同じ
　　　１つのものの姿である。ここで、存在しないものに対する
　　　悲しみ、と言っているのは、「あるようでない」、「また、再
　　　び見えなくなってしまうもの」に執着しないこと、そのこ
　　　とにビックー（भिक्खु）は気がついているからである。

４２．修行者は、振る舞いも静か、言葉も穏やか、心も落ち着いて
　　　静寂。世の中で欲しいものは、もはや何もない。安らいだ者と、
　　　彼は呼ばれる。（２５−１９）

　　　सन्तकायो सन्तवाचो सन्तवा सुसमाहितो ।
　　　サンタカーヨー・サンタヴァーチョー・サンタヴァー・スサマーヒトー
　　　वन्तलोकामिसो भिक्खु उपसन्तो ति वुच्चति ॥३७८॥
　　　ヴァンタローカーミソー・ビック・ウパサントー・ティ・ヴッチャティ

　　　（註）सन्तकायो 振る舞いも静か、सन्तवाचो 言葉も穏やか、सन्तमनो 心
　　　　　も静か、सुसमाहितो 整った、वन्तलोकामिसो 放棄、भिक्खु 修行者、
　　　　　उपसन्तो 安らいだ、ति 〜と、वुच्चति 呼ばれる、

解説：スワスタ（स्वस्थ）、自分自身の中にとどまると、心が鎮まり、
　　　言葉の発生がなくなって沈黙の状態になる。

４３. 道理に外れた行いもせず、言葉を慎み、心を落ち着ける、こ
　　　の３つの道を達成した人をバラモンと呼ぶ。（２６－９）

　　　यस्स　कायेन　वाचाय　मनसा　नत्थि　दुक्कतं ।
　　　ヤッサ・カーエーナ・ヴァーチャーヤ・マナサー・ナッティ・ドゥッカタム
　　　संवुतं　तीहि　ठानेहि　तमहं　बूमि　ब्राह्मणं ॥३९॥
　　　サンヴ　タム・ティーヒ・ターネーヒ・タマハム・ブルーミ・ブラフマナム

　　　（註）यस्स　～であるところの、कायेन　行為によって、वाचाय　言葉に
　　　　　よって、मनसा　心によって、न　अत्थि　～でない、दुक्कतं　悪い行い、
　　　　　संवुतं　落ち着ける、तीहि　３つによって、ठानेहि　状態によって、तम्
　　　　　彼を、अहं　私は、बूमि　と言う、ब्राह्मणं　ブラフマンと、

解説：バラモンという呼称をブッダは否定していない。しかし、
　　　真のバラモンと呼ばれる人とは、どのような人物なのか、
　　　ということを問題にしている。序説で「黄色の袈裟」を纏
　　　う者についての詩句を紹介したが、この詩句では、行い（身）、
　　　言葉（口）、心（意）の３つの一致した人物を、先ず、バラ
　　　モンと呼ぶにふさわしい人物として述べている。

４４. 髪を結っているからバラモンではない、氏素性や家柄によっ
　　　てバラモンなのではない。真実を理解し、ダルマにそった生き
　　　方をしているから浄くバラモンなのだ。（２６－１１）

न जटाहि न गोत्तोहि न जच्चा होति ब्राह्मणो ।

ナ・ジャター ヒ・ナ・ゴ ーット ヒ・ナ・ジャッチャー・ホーティ・ブ ラフマノー

यम्हि सच्चञ्च धम्मो च सो सुची सो च ब्राह्मणो ॥३९३॥

ヤムヒ・サッチャンチャ・ダ ンモー・チャ・ソー・スチー・ソー・チャ・ブ ラフマノー

（註）न ～ではない、जटाहि 髷を結う、न ～ではない、गोत्तोहि 血
統、家柄、न ～ではない、जच्चा 生まれ、होति ～である、ब्राह्मणो
ブラフマン、यम्हि に～あるところの、सच्चम् 真実、च ～そし
て、धम्मो ダルマ、सो 彼は、सुची 浄い、ब्राह्मणो ブラフマン、

45. バラモンの女性の胎から、あるいは、バラモンの母から生ま
れたからバラモンなのではない。「おお、バラモンよ。」と
尊敬の対象になるのは、彼が何も所有せず、執着から解放さ
れた者だから、そう呼ぶのだ。（26-14）

न चाहं ब्राह्मणं बूमि योनिजं मत्तसंभवं ।

ナ・チャー ハム・ブ ラフマナム・ブ ルーミ・ヨー ニジ ャム・マッサムバ ヴ ァム

भोवादी नाम सो होति सचे होति सकिंचनो ।

ボ ー ヴ ァー ディー・ナーマ・ソー・ホーティ・サチェー・ホーティ・サキムチャノー

अकिंचनं अनादानं तमहं बूमि ब्राह्मणं ॥३९६॥

アキムチャナム・アナーダ ーナム・タマハム・ブ ルーミ・ブ ラフマナム

（註）न ～ではない、च अहं ～そして私は、ब्राह्मणं ～バラモンを、बूमि
～と言う、योनिजं 胎から生まれる、मत्तसंभवं ～母から生まれ
る、भो वादी 「おお、バラモンよ」、नाम ～と呼ぶ、सो 彼が、
होति ～である、सचे もし、सकिंचनो 何かを所有する、अकिंचनं
何も所有しない、अनादानं 執着から解放された、तम् 彼を、अहं

57

　　　　　私は、बूमि ～と呼ぶ、ब्राह्मणं バラモンと、

解説：バラモンと呼ぶにふさわしくない場合を述べ、はっきりと
　　　血統や生まれ、世襲制の職業に基づくカーストを否定して
　　　いる。ブッダの平等観に脅威を感じ「マハーバーラタ」の
　　　中の「バガヴァッド・ギーター」でヴィシュヌ神の化身ク
　　　リシュナを登場させたことについては拙著『ギーターとブ
　　　ラフマン』１４２頁～１４８頁をご覧いただきたい。

４６．深い智慧があり、聡明で、真の道とそうでない道を識別し、
　　至上の境地に到達した人、彼をバラモンと呼ぶ。（２６－２１）

गम्भीरपञ्ञं मेधाविं मग्गामग्गस्स कोविदं ।
ガンビーラパンニャム・メーダーヴィム・マッガーマンガッサ・コーヴィダム
उत्तमत्थं अनुप्पत्तं तमहं बूमि ब्राह्मणं ॥४०३॥
ウッタマッタム・アヌッパッタム・タマハム・ブルーミ・ブラフマナム

（註）गम्भीरपञ्ञं 深い智慧のある、मेधाविं 知的な人、मग्गामग्गस्स 真
　　の道とそうでないもの、कोविदं 識別、उत्तमत्थं 至上の境地に、
　　अनुप्पत्तं 達した、तम् अहं 私は彼を、बूमि 呼ぶ、ब्राह्मणं ブラフ
　　マンと、

解説：真のバラモンと呼ぶにふさわしい人は、ここに述べられた
　　　ような人、表現は違ってもニルヴァーナの状態、サマーデ
　　　ィの状態、ヨーガの状態に達した人物のことである。

参考文献（第 1 部）

1.*DHAMMAPADA*：PALI TEXT SOCIETY

2.*धम्मपद*：भिक्षु धर्मरक्षित

3.*DHAMMAPADA*：P.L.Vaidya

4.*DHAMMAPADA*：C.KUNHAN RAJA

5. *DHAMMAPADA*：THOMAS BYROM

6. *THE DHAMMAPADA*：Friedrich Max Müller

7.*Dictionary of the Pali Language*：R.C.Childers

8.*Pali Reader and Glossary Vol.2*：Dines Andensen

9.*The discipline of Transcendence*：OSHO Rajneesh

10.『仏教の神髄』　高楠順次郎

11.『オルデンベルグ原著　ウパニシャッドより佛教まで』高楠順次郎　河合哲雄

12『オルデンベルグ氏の佛陀』木村泰賢　景山哲雄

13.『サンスクリット原典から学ぶ・般若心経入門』真下尊吉

第2部

ゴーラクシャ・シャタカ入門

The Essence of Gorakṣa Śataka

略記について　（Abbreviation）

以下、文献名などを次のように略記する。

GŚ　गोरक्षशतकम्　ゴーラクシャ・シャタカ
YS　योगसूत्रम्　ヨーガスートラ
BS　ब्रह्मसूत्रम्　ブラフマスートラ

序　説　～　タントラとハタヨーガ

1．タントラとは～その１

　タントラ（तन्त्र）とは、サンスクリット語の２つの動詞語根、タン（√तन् तनोति 拡がる）とトライ（√त्रै त्रायते、または、त्रयति 自由になる）とからなる言葉である。そのダルシャナは、高度に発達したものであり、カシミール・シャイヴィズムに見られるように、サーンキャ・ダルシャナやヴェーダーンタのダルシャナとは大きく異なる。

　サーンキャでは、プルシャとこの世界、この身体、心などは３グナより成るプラクリティとして識別され、同じように、ヴェーダーンタでは、ブラフマンと顕れたこの世界はマーヤー（幻想）として区別された。（拙著『サーンキャとヨーガ』、『ギーターとブラフマン』参照）

　ところが、タントラでは、この世界はマーヤーであって真理ではないというヴェーダーンタ・ダルシャナとは全く異なり、スパンダというダイナミックな理論（स्पन्द pulsation,vibration、**振動**の意）によって、この世界も１つの真理の多様な姿として同一視する。つまり、シャイヴァでは、動的な「永遠の振り子」のように刻々姿を変え顕れ出たマハードゥヴァヤ（महाद्वय「大なる１つ」）なのである。つまり、われわれは、内なるものは外に、外なるものは内に見ることが出来る。

　従って、タントラに見られる「１つ（ビンドゥ）の全体」は、２つの相（アスペクト）、シヴァ（शिव）とシャクティ（शक्ति）を持ち、その合一した状態こそ本来の姿に他ならず、ラジニーシが、

「2ではなく、不二、アドヴァイタと呼ぶことはできる」と表現したものである。これは量子力学でいうところの「0と1は**重ね合わせ**の状態」で同時に存在し、2ではない(ア・ドヴァイタ अद्वैत)。同じように、ラヴィ・クマールも次のように述べている。「完全な人間とは、男・女両方の性が溶けてしまった状態であって、一人一人の自分自身(男、又は女)は、真の自己(一つ)として溶解している」即ち、「2つは、1つの別の状態へとなる。」(*TANTRA ASANA* by Ravi Kumar)

　このように、従来の「見る者(seer」は、いきいきとした動的な存在であり、1つの姿から多様な姿として内から外、外から内へとダイナミックに「見られるもの(seen)」に姿を変え、常に振動していて「振り子」のように揺れ動く。そして、「トラ」の意味するものは、ヨーガの道による解放であって、合わせてタントラの意味になる。また、タントラは、手段(ウパーヤ)としてヨーガの実践が欠かせない。アビナヴァグプタ(अभिनवगुप्त)の「パラマールタサーラ(परमार्थसार)」の詩句で次のように述べられている。

　　人は、人間の枠の中を行きつ戻りつするが、ヨーガを実践し、遂には、決して後戻りしない不死の状態にたどり着く。(102)

　　महता कालेन पुनर् मानुष्यं प्राप्य योगमभ्यस्य ।
　　प्राप्नोति दिव्यममृतं यस्मादावर्तते न पुनः ॥ १०२ ॥

２．タントラとは〜その２

上述したことを、今度は図示して説明しよう。

（図は、*Yantra:* by Madhu Khanna　を参照）

　タントラのダルシャナでは、大きな円で示した１つの全体（wholeness）があり、その中に①〜③が渾然一体となって含まれている。それが内（大円）から外へ顕れたり、また、外から内（大円）へと吸収される。これをサンスクリット語でスパンダ（स्पन्द 振動き、振り子のような動き）と言っている。サーンキャでは、プルシャに**見られる**ことによって、はじめてプラクリティ（エネルギー）が展開（拙著『サーンキャとヨーガ』２８頁図参照）していくが、タントラでは、常に振動しているので、顕れ出たものは、

ヴェーダーンタのようにマーヤーとして退けることもしない。常にリアル（real）。何故なら、存在とは、「２ではない（アドヴァイタ）・重ね合わせの状態」の１つ。即ち、Unity とは、「un（１つの）＋ ity（状態）」のことで、外も内もないからである。従って、この外へ顕れたものを足し算した合計が１つの全体となるわけではない。

　空なる全体は、エネルギーが充満し常に振動している。これが、タントラを特徴付ける**スパンダ理論**（シヴァ・シャクティの踊り）である。ただ、われわれが体験するように、朝起きて周りに目にするものは、その１つの全体が外に投影され、下図のように外へ、そして、夜熟眠すれば、再び大円の中へと吸収されるように見えるだけである。OSHO Rajneesh は、「エネルギーの粒子の素早い動きが物質という幻影を作る」（The energy particles are moving so fast that their very movement, their fastness create the illusion of substance.）と言っている。

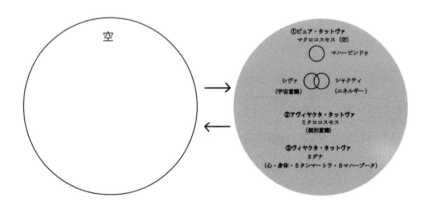

　振り子の理論は、最先端の量子力学の説明と同じで、先日、ＮＨＫ教育ＴＶで放映になった「量子が教えてくれる宇宙空間の謎」

の中でプリンストン大学のホアン・マルダセナ博士のおっしゃった「量子ビットが十分強く相互作用した場合に、重力が働く宇宙が生まれ」「量子ビットを1本の糸だとすると、それが**量子もつれ**によって複雑に織りあわされ時空という布が生まれる」という説明は、アタルヴァヴェーダの記述と同じである。(註)

　(註)アタルヴァヴェーダの詩句１０－７－４２〜４３では、

「性格の違う2人の少女がいて、レース（編み目の布）を編んでいる。一人が糸を引っ張ると、もう一人はそれを留めるというふうに、いつまでたってもそれを止めない。2人はダンスをしている。どちらが巧いかは区別できない。しかし、実際は、このレースを編んだり拡げたりしているのはプルシャであり、この天空を生み出しているのはプルシャなのだ。」

तन्त्रमेके युवती विरूप अभ्याक्रामं वयतं षण्मयूखम् ।

प्रान्या तन्तूंस्तिरते, धत्ते अन्या, नाप वृज्ञाते, न गमातो अन्तम् ॥ १० - ७ - ४२॥

तयोरहं परिनृत्यन्त्योः इव न वि जानामि यतरा परस्तात् ।

पुमानेनद् वयति, उद्वृणत्ति , पुमानेनद् वि जभाराधि नाके ॥ १० - ७ - ४३॥

　性格の違う2人の少女の編むレース（**量子もつれ**）によって宇宙が創造されていくという何千年も前のアタルヴァヴェーダの説明に驚く。

３．バイラヴァ・タントラとは？

　バイラヴァ・タントラという言葉を目にすることがある。このバイラヴァ（भेरव）というサンスクリット語は、「震え上がらせる者」という意味で、「憤怒の形相をした姿」を示し、インドではシ

67

ヴァのアスペクト（相）である姿・形として知られている。

　アビナヴァグプタ（註１）が、「タントラローカ」Vol.2第１章の詩句９５で説明しているように、「マハ・バイラヴァ（महाभैरव）」、即ち、「シヴァ自身（परमः शिवः）」のことである。続く詩句１００でその内なるエネルギーとして４つ（註２）を挙げている。

> （註１）アビナヴァグプタ（अभिनवगुप्त）は、カシミール・シャイヴィズムを代表する最も重要な人物で、ヴァスグプタからソーマナンダ、ラクシュマナ・グプタへと連なる彼の弟子である。その著には、有名な「タントラローカ（तन्त्रलोक）」、「タントラサーラ（तन्त्रसार）」などがある。
>
> （註２）４つは、それぞれケーチャリー（खेचरी）、ゴーチャリー（गोचरी）、ディクチャリー（दिक्चरी）、ブーチャリー（भूचरी）と呼ばれるエネルギーの輪であり、上述した大円の中をうごめいている。

　バイラヴァは、既に見てきたように、**すべてのものを生み出し、支え、維持する**。また、後述する「タントラの呼吸法」と密接に関連するが、詩句９８に次のような記述がある。

バイラヴァ（シヴァ）は、ヨーギーのハートに顕れ、気の循環を変えられるように、彼が一時イキを止められるようにする。それは心を安定させ至高へと導く。（９８）

नक्षत्रप्रेरककालतत्त्वसंशोषकारिणो ये च ।
कालग्राससमाधानरसिकमनःसु तेषु च प्रकटः ॥९८॥

4．カシミール・シャイヴィズム

インドのシャイヴァ・カルトと言われるものには、１．南イン
ドのシャイヴァ・シッダーンタ、２．グジャラートのもの、そし
て、３．北インドのカシミール・シャイヴィズムがある。これら
の中でも、３．は高度に発達したものであり、創立者のヴァスグ
プタから、カラタ、ソーマナンダ、ラクシュマナ・グプタ、アビ
ナヴァグプタ、クシェーマラージャーと続く師弟の連鎖があり、
いくつかの重要な文献がある。特に重要なものは、次の５つであ
る。

①ヴァスグプタの「シヴァ・スートラ」
②　　　同　　　　「スパンダカーリカー」
③アビナヴァグプタの「タントラサーラ」
④　　　同　　　　「タントラローカ」
⑤　　　同　　　　「パラマールタサーラ」

「シヴァスートラ (शिवसूत्र)」は、実践的なヨーガの手順書で、
シャーンボーパーヤ (शाम्भोपाय)、シャクトーパーヤ (शक्तोपाय)、
アーナヴォーパーヤ (आणवोपाय) からなり、それぞれ、シヴァ
への道 (शाम्भव उपाय)、ふさわしい道・方法 (शक्त उपाय)、その
詳細の手順 (आणव उपाय) が述べられている。
「スパンダカーリカー (स्पन्दकारिका)」は、タントラを特徴づ
ける振動理論であり、アビナヴァグプタの③〜⑤は、これらをさ
らに詳しく説明するものである。クシェーマラージャーには、「シ
ヴァスートラ」のコメンタリーがある。

タントラのダルシャナは、ブッダと同様、従来のヴァルナ（वर्ण）、分かりやすく言えばカーストの枠を外した平等性と、この人間の身体を徹底的に観察し、非常に医学的・生理学的なヨーガの実践方法を確立したことである。「シヴァスートラ」の次の詩句（3－5）に見られる。

**　（イキが止まると）スシュムナーの中が浄化され、心が対象から引き離されて、シヴァと一つになる。**

नाडीसंहारभूतजयभूतकैवल्यभूतपृथक्क्कानि ॥३ - ५ ॥

（註）नाडी　スシュムナーに繋がる管、संहार　堆積物、भूत　5要素の一つ、जय　克服すること、浄化、कैवल्य　完全に一つになる、पृथक्क्कानि　引き離し、

　この詩句から分かることは、本書で後述する**タントラの呼吸法**は、やがて、マッチェンドラナータ、ゴーラクシャナータを経由してハタヨーガに流れプラーナーヤーマとして調気法となり、一方、ブッダは**アーナーパーナサティ**という呼吸法を確立したことである。しかし、このカシミール・シャイヴィズムとブッディズムの関係は不明であるが、ブッディスト・タントラと言われることから、酷似したところもあって、シャイヴィズムからインスピレーションや影響を受けたのか、それとも同じタントラのダルシャナに基づいた道を歩いていたのかは定かではない。

５．タントラと般若心経

　拙著『サンスクリット原典から学ぶ般若心経入門』で見てきたブッダの「空」も、実はブッディスト・タントラとして理解すると驚くほど理解しやすい。空は、Mark S.G.Dyczkowski が、「中味は空なる空間の拡がり」（Expansion of the absolute void of contents）と呼んでいる。すると「般若心経」の「空即是色」、「色即是空」は、まさに「空から色」、「色から空」へと揺れ動く「スパンダ理論」と同じである。このタントラでの「空（void）」は、サンスクリット語でマハーシューンニャ（महाशून्य、**空間のすみずみまで、すべてのものが溶け込んで充満し尽くしている**という意味であって、１つの全体は、区分や区別の不可能な自由に流動する全体である。ブッダは、ニルヴァーナと言う語を使ったが、ヴィギャーナ（विज्ञान）と同意であり、この状態は、タントラではシヴァ・シャクティの合一、ヨーガのことである。１０頁と６４頁で述べたように、「空」と「色」は**重ね合わせの状態**で、縁によって、どちらかの状態が起こる。従って、般若心経の「空即是色」、「色即是空」をイラストで説明すると、１枚のコインのように**重ね合わせの状態**（ア・ドヴァイタ अद्वैत 不二）、「空」＝「色」、「色」＝「空」である。「鰻の蒲焼き」と同じで、裏返しても鰻に変わりはない。玄奘が「即」、「不異」と漢訳したのは、そのためである。

６．タントラ世界の象徴化①
～月（チャンドラ）と太陽（スーリヤ）

　タントラとは～（その２）で説明したように、１つの全体の２つのアスペクト、シヴァとシャクティが様々な象徴として描かれる。シヴァ・シャイヴィズムでは天文学も進歩していて、後述するハタヨーガへと流れると、いくつかのアーナの組み合わせ、マントラ、礼拝が一体となったスーリヤ・ナマスカーラやチャンドラ・ナマスカーラでも表現される。そこで、われわれの身体にも数々の影響を及ぼす太陽と月と地球、それぞれの位置関係を理解しておこう。下記のイラストをご覧いただきたい。

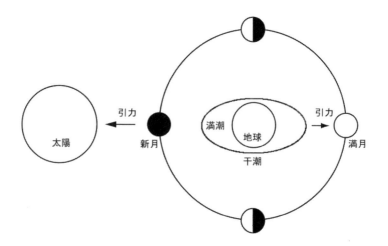

　地球から見て、月が太陽側に来た時が新月、太陽の引力で満潮となり大潮、また、反対側に来ると満月、月の引力で同じく大潮となる。この様に大潮は、満月と新月の時に起こる。

７．タントラ世界の象徴化②〜ヤントラ

タントラでは、１つになった
モークシャの状態のシンボ
ル化が行われ、シヴァとシャ
クティの溶け合った状態は、
男女の交合絵や交合像でも
象徴されてきたが、右図のよ
うに、タットヴァが、空であ
るアーカーシャから、矢印の
ように各図形を組み合わせ
て象徴化（シンボライズ）さ
れヤントラとなる。

（図は、*Kundalini:* by Ajit
Mookejee を参照）

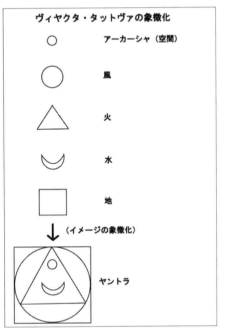

ヤントラは、次第に複雑な図形となり、祈り
の際、心を集中させる神のイメージ、エンブ
レムとして用いられた。例えば、右図は、富
と繁栄、守護のドゥルガ・ヤントラである。(図

は、*Practicals of Yantras* by L.R.Chawdhri を
参照)「サーンキャ」の５つの「マハーブータ」（空・風・火・水・
地）は、タントラでは新たな意味合いを持ち、現代の物理学の宇
宙論や量子論に似て、ビッグバンに始まる宇宙創生と同じように、
この５大要素ですべてが説明されるようになる。つまり、神から
科学へという視点の移動である。その兆候は、既に、BS の詩句（1

－３－４１）にあったことは、拙著『ギーターとブラフマン』２
１６頁で気がつかれるであろう。

> 空間はブラフマンである。何故なら、そこから名前と形ある
> ものが姿を顕すから。（１－３－４１）

आकाशोऽर्थान्तरत्वादिव्यपदेशात् ॥ १ - ३ - ४१ ॥

と同時に、この５つは、身体を構成する要素としても「シヴァ・
スワローダヤ」（詩句１９１～１９６）で詳述される。（後述）

８．タントラ世界の象徴化③（三角形）〜主（Lord）の力

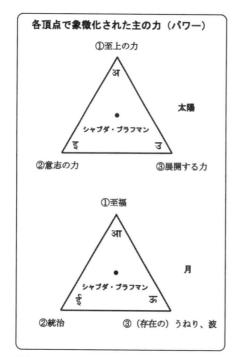

さらに、タントラ世界の象徴は、図形として三角形が用いられ、シヴァ（शिव）の力シャクティ（शक्ति）が３つのパワーとして、各頂点で振動する音と共に示される。アビナヴァグプタの「タントラサーラ（तन्त्रसार）」によれば、太陽で象徴される３つの力が、①アヌッタラ（अनुत्तर）「至上の力」、サンスクリットのアルファベット、母音の「ア（अ）」で象徴、②イッ

チャー(इच्छा)「意志の力」、母音の「イ (इ)」、③ウンメーシャ(उन्मेष)、「展開する力」、母音の「ウ (उ)」、さらに、これらから、月で象徴される次の力が同様に示される。①アーナンダ(आनन्द)「至福」、母音の「アー (आ)」、②イーシャナ (ईशन)「統治」、母音の「イー (ई)」、③ウールミ (ऊर्मि)「(存在の) うねり、波」、母音の「ウー (ऊ)」。このように、サンスクリット・アクシャラ（アルファベット）の短母音・長母音で象徴される。なお、言語の４段階の記述は、拙著『サーンキャとヨーガ』１７６頁以降で詳述したものと同じであるからそちらをご覧いただきたい。

９．タントラ世界の象徴化④〜クンダリニー

同じく、四角形＋三角形の組み合わせがムーラダーラチャクラに見られる。右図は、眠れる生命エネルギーの象徴が３巻き半の蛇としてムーラダーラチャクラにレセプターとしてのヨーニーがリンガと共に描かれてる。いわゆるクンダリニーで、ムーラダーラチ

「生み出す力」として象徴化されたヨーニー

リンガとクンダリニー（３巻半の蛇）が三角形の中に描かれている。エネルギーは、下向きの三角形で表示。

ャクラが出発点となり、後述の各チャクラを経由して頭頂のサハスラーラ・チャクラに到達する。

　その様子は、後の「シヴァ・サンヒタ」では、次のように描かれている。

このムーラダーラ蓮華の花心に、すべてのタントラでも秘すべき
とされている美しい三角形のヨーニーがある。（２−２２）

तस्मिन्नाधारपद्मे च कर्णिकायां सुशोभना ।
त्रिकोणा वर्त्तते योनिः सर्वतंत्रेषु गोपिता ॥ २ - २२॥

その中に、電光の閃きのクンダリニー女神が、３巻き半の蛇と共
にスシュムナー気道の入り口におられます。（２−２３）

तत्र विद्युल्लताकारा कुण्डली परदेवता ।
सार्द्धत्रिकरा कुटिला सुषुम्णा मार्गसंस्थिता ॥ २ - २३॥

　１０．タントラ世界の象徴化⑤〜コスミック・サウンド

　サンスクリットのアク
シャラ（アルファベット）
で示されているものは、本
来、音、**ナーダブラフマ**で
あって、スパンダ理論の振
動は、身体全体にニャー
サ・マートリカー（न्यास
मातृका）として音で描かれ
ている。ここでは、顔の部
分のみを示す。アビナヴァグプタの「タントラサーラ」によって
配置すれば、上図のようになる。
　眼は、右・左それぞれイ、イー（इ；ई）、耳は、右・左それぞ

れウ、ウー（उ ; ऊ）、鼻腔は右・左それぞれゥリ、ゥリー（ऋ ; ॠ）、口はアー（आ）、上唇はオ（ओ）、下唇はアウ（औ）。音は、コスミック・サウンドとして、特に、微細な身体にシンボルとしてちりばめられている。タントラでは、ちょうど楽器で奏でられた和音のような響きの**調和**を考え、前述のシヴァ（शिव）の力シャクティ（शक्ति）は、「シヴァスートラ」で次のように述べられている。

至高の力は、母音で表される。（2－7）
मातृकाचक्रसम्बोधः ॥ २ - ७॥

ここで「文字のグループ（मातृकाचक्र）」をまとめておくと、

①アヌッタラ（अनुत्तर）「至上の力」は、ア（अ）
②イッチャー（इच्छा）「意志の力」は、イ（इ）
③ウンメーシャ（उन्मेष）「展開する力」は、ウ（उ）
⑤アーナンダ（आनन्द）「至福」は、アー（आ）
⑥イーシャナ（ईशन）「統治」は、イー（ई）
⑦ウールミ（ऊर्मि）「（存在の）うねり、波」は、ウー（ऊ）

この様に、デーヴァナーガリ文字は、丁度、音楽における音符に当たり、音を表している。従って、**ローマナイズ文字で、音符の代わりは出来ない。**

11．タントラ世界の象徴化⑥～アハム（अहम्）

Mark S.G.Dyczkowski は、スパンダ理論の解説で、アビナヴァ

グプタの卓越した説明を紹介している。それは、サンスクリット
の第1人称代名詞、単数の「私」を表す**アハム**（अहम्）という言
葉で示される音で、タントラ世界の象徴は以下の通りである。

　まず、この言葉を音に分けると、「ア（अ）」＋「ハ（ह）」＋「ム
（म्）」となる。このア（अ）は、「タントラ世界の象徴②」で紹
介した「至上の力」**アヌッタラ**（अनुत्तर）の「ア（अ）」であり、
サンスクリット・アルファベット５０音の最初の音の「ア（अ）」
でもある。「ハ（ह）」はサンスクリット・アルファベットすべての
最後の音（註）、つまり「この世界がすべて展開した姿」である。

　　（註）*TANTRĀLOKA* by Abhinavagupta VOL.2（Ch.3 詩句204-205）。

　そして、ム（म्）は、しばしば、この音は、アヌスワーラ（ドッ
ト ̐）で表されることからビンドゥ（点）を象徴し、６９頁で図
示した１つの宇宙意識（マハービンドゥ）、「空」を象徴する。

　以上のように、**ア・ハ・ム**（अहम्）という言葉のアは至高者、
ハは、そこから放出されたこの世の姿を表している。と同時に、
サンスクリット・アルファベットで表される音は、その刻々と変
わる流動的な姿を象徴している。

　この**気づき**こそ、タントラの目的であり、そのとき、限定され
た個々のエゴ（私）は、無限の宇宙的なエゴ（私）の中へと溶け
込む。ハタヨーガの実践でこのことを説明しよう。

１２．タントラにおけるサマーディとは？

まず、アーサナの「**坐**」という漢字を見てみよう。

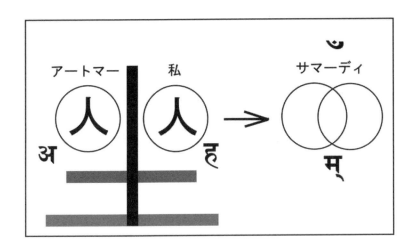

ハタヨーガにおける**アーサ
ナ**の位置づけは、この語がサン
スクリット動詞語根√आस्（坐
る）から来ていることから、漢
字で書くと上図のように「坐」
となるが、長年のハタヨーガの
実践により数々のアーサナは、
結局、パドマアーサナか、シッ
ダアーサナで**坐が取れるよう
になる**ことに収斂する。何故な

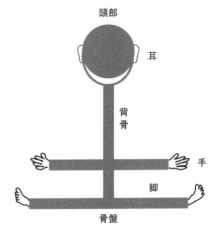

ら、アーサナとは、**静かで安定した状態に到達すること**（reach
steadiness）だから。

　　ここには二人（duality）の人がいる。上図左の「人」は、**ア
（अ）**で「**至高の私（cosmic ego）**」、右の「人」は**ハ（ह）**で「**個々
の私（individual ego）**」である。サマーディの状態になれば、ア
とハは、**ム（म्）**、即ち、**空の状態へと溶け込む**。いわゆる、マハ

ービンドゥ（☺）がそれを象徴している。

　また、身体を有する人間を連想させる図の縦棒は、ちょうど前述のスシュムナー（背骨）に相当し、残りの２本の横棒は、それぞれ手・脚となるであろう。サマーディの状態になると（男女差別のない）２人の「人」は、ラジニーシの言ったとおり、タントラの男性原理と女性原理（または、女性原理と男性原理）が一つ、ヴェーダーンタでは、私がアートマンに溶け込んだが、もともとアドヴァイタ（不二 अद्वैत）である、という気づきが生まれる。

　坐という漢字は、本当に良く出来ていて、二人の人という字は、人間の２つのアスペクト（相）を、つまり、外へ出た姿・形のアハム（私）と、内なる本性（アートマー）を表している。それがサマーディの状態になると１つの存在（不二）に気づくわけである（前頁の図、右側）。タントラにおけるシヴァ（男性原理）とシャクティ（女性原理）は２極であるが、（男・女という正反対の）対極ではなく、もともと火と熱のように分離できない調和した存在である。これが、ラジニーシの言う一人一人の男性は、男・女両性、一人一人の女性は、女・男両性の意味である。ブッダのダルシャナも同様で、男女差やカーストの枠はなく、そこには調和した１つの空（マハービンドゥ）がある。

　さて、タントラは、「いかにして（HOW）」サマーディの状態になるのかの科学的な実践方法である。従って、理論ではなく実践がなければ何の意味もない。その実践方法の前に、もう少しわれわれの身体の微細な仕組みを見ていくことにしよう。

１３．タントラにおける気の流れ

タントラにおけるプラーナ
（生命エネルギー）の流れ
は、ムーラダーラチャクラ
を出発点にしてスシュムナ
ーを上昇し、左の鼻腔のイ
ダー、月の気道からアギャ
ーチャクラまで上昇し、右
の鼻腔のピンガラ、太陽の
気道からスシュムナーを通
ってムーラダーラチャクラ
へと下降する。

（図は、Nivanjanananda：
Dharana Darshan などを参照）

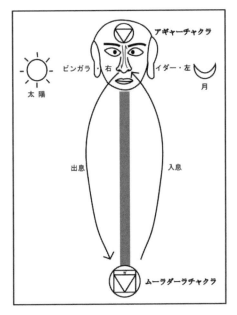

プラーナの流れは、呼吸と密接な関係がある。分かっているこ
とは、呼吸は、何れかの鼻腔から始まると、２ガティカーサ
(घटिकास्) (註) おおよそ５０分で、もう一方の鼻腔へと交代す
る。これが交互に起こる。　　(註) １ガティカ (घटिक) は、約２４分。

ここに図示したことは、後の「シヴァサンヒタ」では、次のよ
うに述べられている。

**イダーと呼ばれるナーディは、左に配置され、スシュムナーを巡
り、右の鼻腔へといく。（２－２５）**

इडानाम्री तु या नाडी वाममार्गे व्यवस्थिता ।
सुषुम्णार्या समाश्लिध्य दक्षनासापुटे गता ॥ २ - २५॥

ピンガラと呼ばれるナーディは、右側に配置され、スシュムナー
を巡り、左の鼻腔へといく。（2－26）

पिङ्गला नाम या नाडी दक्षमार्गे व्यवस्थिता ।
मध्यनाडीं समाश्लिष्य वामनासापुटे गता ॥ २ - २६॥

イダーとピンガラ両ナーディの中央にあるのが、まさにスシュム
ナーである。そこには、6つの蓮華があり、それぞれ6つのパワ
ーを有することをヨーギーは知っている。（2－27）

इडापिंगलयोर्मध्ये सुषुम्णा या भवेत्खलु ।
षट्स्तानेषु च षटशक्ति षट्पदं योगिनो विदुः ॥ २ - २७॥

　6つの蓮華とは、後述のチャクラ、即ち、ムーラダーラ、スワ
ディシュターナ、マニプーラ、アナーハタ、ヴィシュッダ、アギ
ャーの各チャクラのことである。（次頁参照）

１４．チャクラ～気と意識とエネルギーの流れの車輪

タントラの呼吸法は、後述するがアパーナは呼気、プラーナは吸気、としてそれぞれハム（हम्）、サハ（सः）、で表される。呼吸と共に生命エネルギーは、ムーラダーラチャクラを出発点として各チャクラを経由、スシュムナー（図ではグレイで表示）を通り、左・右（イダーとピンガラ）の鼻腔からアギャーチャクラへと上昇、そこから下降する。右図はその男性の場合の模式図（註１）であるが、ラジニーシの説明によると、7つのチャクラは、基盤となるムーラダーラチャクラから2つずつ♂（男性原理）と♀（女性原理）で示される。

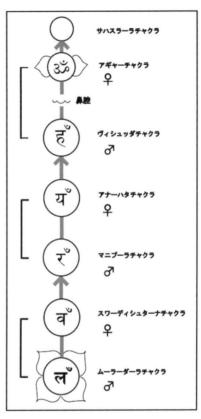

（図は、*Power of Tantra Breathing* by S.Sivapriyananda を参照。）

そして、遂にはサハスラーラチャクラに到達した状態がサマーディである。

（註）女性の場合は、♂（男性原理）を♀（女性原理）に置き換えて理解してほしい。

83

各チャクラには、ロータスの花弁が描かれるが、ムーラダーラチャクラは４枚（象徴音は、व , श , ष , स）、アギャーチャクラは２枚（象徴音は、ह , क्ष）である。各チャクラには、ナーダブラフマの**音**が、ビージャ・マントラとしてサンスクリットのアルファベット文字で示されている。

　以上のように、チャクラは**気と意識とエネルギーの流れる車輪**である。

１５．タントラの呼吸法

　タントラにおいては、呼吸は生命現象を象徴するものであり、「スワローダヤ・シャーストラ」（後述）で詳しく述べられてきた。生命力としての呼吸の重要な意味は、この左右、両鼻腔からのイキの流れの調和である。次頁の図で、その仕組みを見ておこう。上段図で示されるように、ハム（हं）という音は呼気を、サハ（सः）という音は吸気を象徴し、吸気から呼気へ移る際、また、その逆も、それぞれ１度必ずイキは止まらないと次の動作に移れない。これを１サイクルとして循環するが、このイキの止まるところを確認する重要性については、拙著『サンスクリット原典から学ぶ般若心経入門』の「アーナーパーナサティ」９５頁で詳述したが、スワミ・サッチャナンダは、呼吸への気づき（Awareness）として、① 自分が呼吸していることを知っている ②そのプロセスを観察していることも知っている、の２点を挙げている。

（A systematic course in the ancient Tantric Techniques of Yoga Kriya
　and by Swami Satyananda Saraswati p.71）

シヴァプリヤナンダ他の説明によれば、ハムサというサンスクリット語は、白鳥の意味であり、その純白さから魂を表し、ハムは男性原理で**意識**の、また、サハは女性原理で生み出す力として**エネルギー**の象徴である。中段の図のハム・サハ（हम्सः）を入れ替えると、ソーハム（सोऽहम्）となる。「彼は、私。」つまり、呼吸という自律神経の支配下でなされている生命現象は、彼の仕業以外のなにものでもない。イーシャ・ウパニシャッドにも、「彼こそ私」ソーハマスミ（सोऽहमस्मि）の言葉がある。

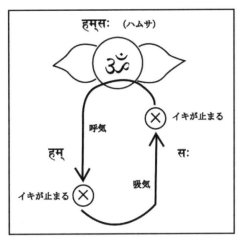

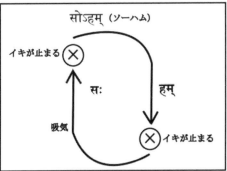

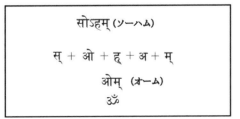

私は、あなたの姿、プルシャの栄光を見ます。

彼こそ、私に他なりません。

यत्ते रूपं कल्याणतमं तत्ते पश्यामि ।
मो सावसौ पुरुषः सोऽहमस्मि ॥ १६ ॥

　つまり、**タントラの呼吸法**は、ブッダの**アーナーパーナサティ**とまったく同じであり、当時、カシミールにおいては、シャイヴィズムとブッディズムは、同じ道を探索していたに違いない。
　下段の図は、同じくシヴァプリヤナンダ他の説明で、ソーハムという音を母音と子音に分け、子音のサ（स）とハ（ह）を除けばオーム ओम्）になる、と言う。
　シヴァ・スワローダヤは、第３部で解説するが、伝説では、シヴァが妻であるパールヴァティーに語って聞かせたが、眠りを誘う声に彼女は眠ってしまって、漁夫か、姿を魚に変えたシャーマンがそれを聞いてしまった。それがナータ（नाथ）派のマッチェンドラナータであるという。ちなみに、最初に「タントラとは」で概観したように、大円のマクロコスモスがナー（ना）で、タ（थ）は、それが外に投影された姿を意味している。従って、ゴーラクシャ・ナータからハタヨーガへと伝わる、この**タントラの呼吸法**こそブッダの**アーナーパーナサティ**と共に、サマーディ、或いは、ニルヴァーナへの実践法の根源である。
　第２部では、まず、ゴーラクシャ・ナータの「ゴーラクシャ・シャタカ」から見ていこうと思う。シヴァの話を聴いたマッチェンドラナータの弟子こそ、そのゴーラクシャナータである。

ハタヨーガへの流れ

1．はじめに

　ゴーラクシャナータ（गोरक्षनाथ ）の「ゴーラクシャ・シャタカ गोरक्षशतकम्」は、シャタカ（शतकम्）が１００を表すことから１０１詩句からなるものが原典とされていて、後に出たコメンタリーを含む増補版や校訂版、例えば、「ゴーラクシャ・サムヒター（गोरक्षसंहिता)」、「ゴーラクシャ・パッダティ（गोरक्षपद्धति)」、「ムクティ・ソーパーナ（मुक्तिसोपान)」などが流布しているが、市場で入手出来るこれらの写本の中には誤りや誤解をもたらすものも含まれているらしい。G.W.Briggs は、*Gorakhnāth and the Kānphaṭa Yogis* の中で、カーンパタ（कांफट）（註）に関する文献名として、「ハタヨーガプラディーピカー」や「ゲーランダサンヒター」、「シヴァサムヒター」なども挙げている。

> （註）G.W.Briggs によれば、カーンパタとは、文字通りには「耳にスリットを入れる」という意味だが、ゴーラク・ナータ門下のヨーギーがイニシエーションを受ける際、イヤリングを付けるため耳を傷つけたらしい。後に、この言葉は、ハタヨーガの実践を表す意味になり、ナータと呼ばれるようになる。マッチェンドラナータが創始者とされ、彼はシャイヴィズムをネパールに伝えている。

　ここで彼は、ゴーラクシャ・シャタカには、多くの複製と思われるヴァリエーションがあり、その中で「ゴーラクシャ・パッダティ」にふれ、その構成が前半の１０１詩句は、「ゴーラクシャ・

シャタカ（Gorakṣa Śataka)」からゴーラクシャ・シャーストラと
して述べ、後半の１０１詩句は、主にヨーガ・シャーストラ、９
４頁〜９６頁は「ゴーラクシャ・サムヒター」と同じ内容になっ
ていると言っている。また、同じく「ゴーラクシャパッダティ」
の写本（ヒンディ語版）は、前半が「ゴーラクシャ・シャタカ」
の内容で、後半はプラーナーヤーマ、プラティヤーハーラ、ダー
ラナ、ディヤーナ、サマーディ、ムクティになっていて、「ハタヨ
ーガプラディーピカ」からの引用が含まれる、と言っている。通
常は、「ゴーラクシャ・シャタカ」の詩句が、そのまま「ハタヨー
ガプラディーピカー」や「ゴーラクシャパッダティ」の中に見ら
れるので逆である。

　従って、ハタヨーガへの流れを知る上で何を選択したらいいの
かは、かなり困難である。しかし、「ハタヨーガプラディーピカー」
や「ゲーランダサムヒター」への無理のない流れがあるはずであ
り、サーンキャ・ダルシャナも、創始者と言われているカピラ・
スートラは、２２詩句であり、パンチャシーカに伝えられたと言
われるものも詩句の数は定かでない。拙著『サーンキャとヨーガ』、
『ギーターとブラフマン』に分けて翻訳・解説した７２詩句は、
イーシュワラクリシュナによる「サーンキャカーリカー」からで
ある。従って、創始者のカピラ・マハルシの伝えたかったことを、
後に伝承された優れた人物が完成に近づける場合も考えられる。
そんな折、たまたま知ることになった、「ヨーガタランギニー
（योगतरंगिणी)」は、原典の注釈・拡張版であるが、上掲の問題を
検証する意味でも、これを紹介することにした。

　「ゴーラクシャ・シャタカ गोरक्षशतकम्」は、タントラを根源と
するハタヨーガの最も古い経典である。「ヨーガタランギニー」は、

第１部、グランターラムバ（ग्रन्थारम्भः）と第２部、プラーナーヤーマ（प्राणायामः）の各々が１０１詩句、合計２０２詩句で構成されている。本書では、ここから４４詩句を選んで解説するが、原典は、信頼性の高いとされる गोरक्षशतकम् by Swami Kuvalayananda and Dr.S.A.Shukla を参照した。

　詩句の訳文末の数字は、（１－７）(4)〈7〉のように示してある。最初の数字は、「ヨーガタランギニー」の第１部７番目の詩句、次の数字(4)は原典の４番目の詩句、〈7〉は、G.W.Briggs の前掲書 *Gorakhnāth and the Kānphaṭa Yogis* の２８４頁〜３０４頁に掲げてある The Gorakṣa Śataka　１０１詩句からの該当番号を比較のため載せた。同様に、（２－１１）(54)は第２部１１番目の詩句、原典５４番目の詩句である。なお、後の数字の記載のないものは、原典、または、G.W.Briggs の書にはない詩句である。

　さて、「ゴーラクシャ・シャタカ」は、マイトリー・ウパニシャッドの「６肢ヨーガ」の階梯を基本に、ここからタルカを排除し、アーサナを初めて組み入れて、マイトリーウパニシャッド同様、「６肢ヨーガ」を実践の階梯とした。この階梯に従って実践すれば、前の実践が後に順になじんで統合され、遂にはサマーディに達する優れた実践マニュアルとなっている。以下、概略を説明しておこう。

　マイトリー・ウパニシャッドの「６肢ヨーガ」の階梯でも、最初の階梯が「プラーナーヤーマ」から始まっていたが、「ゴーラクシャ・シャタカ」の「プラーナ・サンローダ」、いわゆる「プラーナーヤーマ）では、２つの意味を持っている。**呼吸**が「ハムサ」として捉えられる詩句では、サマーディへの道が示されるので、入息・出息時のイキの止まるところへの確認が非常に大切である。

また、プラーナとアパーナの**調気**いわゆる気の流れのコントロールに関する詩句では、バンダ、ムドラー行法を通じて各チャクラが説明されるので、このフィジカルな身体を巡るナーディへの微細な気の流れに注意する必要がある。これらは何れも本書の第3部の「シヴァ・スワローダヤ」でも取り上げられる。

ハタ・ヨーガという言葉が定義され、「タントラとは？」で説明した1つの全体の2つのアスペクト（相）、シヴァとシャクティは、「プラーナ（太陽）」と「アパーナ（月）」また、個別意識と宇宙意識であるが、それぞれ「ハ（हₐ）」と「タ（ठ）」として、その融合がヨーガとされる。ゴーラクシャナータには、本書の基盤となる6つのウパデーシャからなる「シッダ・シッダーンタ・パッダティ सिद्धसिद्धान्तपद्धतिः」という著があり、ブッダと同じように、ミクロコスモスとしての身体（ピンダ पिण्ड と呼んでいる）を徹

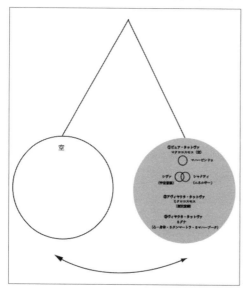

底的に観察した後に身体が個別意識と共に宇宙意識に吸収される様子を述べている。ここで、もう一度、タントラにおけるスパンダ理論（振り子理論）のイラストを掲げておく。振り子が左に振れるとヨーガ、右に振れるとヴィヨーガの状態である。

90

2．ゴーラクシャ・シャタカ

a．6肢ヨーガ

1．6肢ヨーガの階梯があると言われている。アーサナ、プラーナサムローダ、プラッティヤーハーラ、ダーラナー、ディヤーナ、サマーディである。（1－7）(4)〈7〉

आसनं प्राणसंरोधः प्रत्याहारश्च धारणा ।
ध्यानं समाधिरेतानि योगाङ्गानि वदन्ति षट् ॥१ - ७॥

ヨーガを実践する者は、アーサナにより病気を克服出来る。プラーナヤーマにより、罪を無効にし、プラッティヤーハーラによって心がそこに向かないように出来る。

（2－11）(54)

आसनेन रुजो हन्ति प्राणायामेन पातकम् ।
विकारं मानसं योगी प्रत्याहारेण मुञ्चति ॥२ - ११॥

（註）पातकम् 「罪」というのは、汚れた心、歪んだ心のこと

ダーラナーにより、次第に心は静寂に向かい、ディヤーナによって、超越的な意識状態が訪れて、遂に、すべてから解放されたサマーディの状態になる。（2－12）

धारणाभिर्मनोधैर्य ध्यानाच्चैतन्यमद्भुतम् ।
समाधौ मोक्षमाप्नोति त्यक्त्वाकर्म शुभाशुभम् ॥२ - १२॥

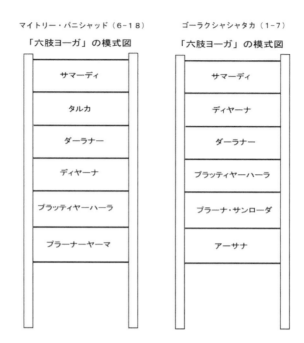

マイトリー・パニシャッド（6-18）　　　ゴーラクシャシャタカ（1-7）

「六肢ヨーガ」の模式図　　　　　　　「六肢ヨーガ」の模式図

サマーディ	サマーディ
タルカ	ディヤーナ
ダーラナー	ダーラナー
ディヤーナ	プラッティヤーハーラ
プラッティヤーハーラ	プラーナ・サンローダ
プラーナーヤーマ	アーサナ

解説：「マイトリー・ウパニシャッド」の「6肢ヨーガ」の階梯か
　　　らタルカを除外し、初めてアーサナを取り入れたのと、プ
　　　ラーナーヤーマがプラーナ・サンローダという言葉に変わ
　　　っているのが最大の特徴である。
　　　まず、アーサナは、人間の身体を医学的・生理学的に見
　　ていて、特に、ヴァーユと呼吸に関して、ナーディの流れ
　　など、微細な（スークシュマ सूक्ष्म subtle）観察がなされて
　　いる。次に、プラーナ・サンローダは、プラーナ（प्राण）＋
　　サンローダ（संरोध）で2つの意味がある。1つは、ヴァ
　　ーユの調気、つまり、詩句（1－41）(29)〈41〉で後述さ
　　れるように、プラーナ気とアパーナ気の合一であり、もう

1つは、詩句（1－42）〈42〉、（1－44）〈44〉で述べられるハムサ、即ち、呼吸において入息・出息時にイキが止まることへの気づき、いわゆるブッダのアーナーパーナサティと同じタントラの呼吸法である。

　この「6肢ヨーガ」の階梯は、パタンジャリが、この経典からアーサナとプラーナ・サンローダをプラーナーヤーマとして、さらに、ブッディズムとジャイニズムからヤマ、ニヤマを加えて「8肢ヨーガ」の階梯とした（拙著『サンスクリット原典から学ぶ般若心経入門』57頁〜58頁）が、ヨーガの実践の階梯は、「ゴーラクシャ・シャタカ」で既に確立していたと言うべきであろう。

b．アーサナ

2．84ラカのアーサナがあるが、シヴァは84のアーサナを創られた。（1－9）(6)〈9〉

चतुरशीतिलक्षाणामेकैककं समुदाहृतम् ।
ततः शिवेन पीठानां षोडशोनं शतं कृतम् ॥१ - ९॥

解説：1ラカとは、100,000。従って、840万は生物の種類を表していると言われている。エーカイカム (एकैकम्) と述べられているように、生き物は、それぞれ異なった身体を持っているから、シヴァは人間に84の坐（アーサナ）を創られた。

　三木成夫著『胎児の世界』（中公新書　129頁）に宗族

発生と個体発生の図が出ているので、参考にしていただきたいが、個体発生とは、人間個人の発育の歴史、系統発生とは、人間となるまでの歴史である。エルンスト・ハインリッヒ・ヘッケルの反復説では、「個体発生は、系統発生の短縮された反復である」（今井宏三、田村道夫著『系統と進化の生物学』）と言っているが、「ゲーランダ・サンヒタ」に表れるアーサナ（系統発生）は、まさに、個体発生の流れと一致する。（下図参照）

ゲーランダサンヒターに表れる体位	マッチア（魚）	マンドゥーカ（蛙）	ブンジャンガ（蛇）・クールマ（亀）・マカラ（ワニ）	カルダ（鷲）・マユーラ（孔雀）・クックタ（おんどり）	シンハ（ライオン）・ウシュトラ（らくだ）	ヴリクシャ（立ち木）＊「直立」の体位
系統発生の流れ	魚類	両生類	爬虫類	鳥類	哺乳類	人類
個体発生の流れ	受胎３２日	受胎３４日	受胎３６日		受胎３８日	受胎４０日

（参考文献）三木成夫著『胎児の世界』、丘浅次郎『生物学的人生論』、今堀宏三・田村道夫『系統と進化の生物学』、*THE GERANDA SAMHITA*: Chandra Vasu

魚類（受胎３２日）、両生類（受胎３４日）、爬虫類（受胎３６日）、鳥類、哺乳類（受胎３８日）、そして、人類（４０日）という流れである(A. D. A. M. から出ている Nine Month Miracle は、この流れをアニメーション化している)。具体的には、マッチャ（魚）、マンドゥーカ（蛙）、ブンジャンガ（蛇）、クールマ（亀）、マカラ（わに）、ガルダ（わし）、マユーラ（孔雀）、クックタ（おんどり）、ヴリシャ（牝牛）、ウシュトラ（らくだ）、シンハ（ライオン）等の各アーサナをシヴァが創られた、というこの詩句の意味が分かる。

94

3. すべてのアーサナの中で、特に、次の２つがヨーガ実践のために示された。１つは、シッダ・アーサナ（達人坐）であり、もう１つは、パドマ・アーサナ（カマラー・アーサナ　蓮華坐）である。（１－１０）(7) ⟨10⟩

आसनेभ्यः समस्तेभ्यो द्वयमेतदुदाहृतम् ।
एकं सिद्धासनं प्रोक्तं द्वितीयं कमलासनम् ॥१ - १०॥

解説：アーサナは、序説で述べた通りサンスクリット動詞語根のアース（√आस् 坐る）から、坐を意味する。従って、ハタヨーガにおけるアーサナは、すべてこの２つの坐、シッダ・アーサナとパドマ・アーサナへと収斂する。

4. 踵を会陰部にしっかりと当て、もう一方の足の踵を性器の上に置く。身体をまっすぐにして、感覚器官を鎮め身体をそのまま保ったまま、眉間の眉毛の間を凝視する。これがシッダ・アーサナ（達人坐）であり、すべてのことからの自由の扉を急激に開くと言われる。（１－１１）(8) ⟨11⟩

योनिस्थानकम ङ्घ्रिमूलघटितं कृत्वा दृढं विन्यसेन् मेढ्रे पादमथैकमेव
नियतं कृत्वा समं विग्रहम् । स्थाणुः संयमितेन्द्रियोऽचलदृशा पश्येद्
पश्यन्भुवोरन्तरं चैतन्मोक्षकवाटभेदजनकं सिद्धासनं प्रोच्यते ॥१ - ११॥

解説：シッダ・アーサナとパドマ・アーサナの違いについては、拙著『ハタヨーガからラージャヨーガ』の４５頁から５２

頁で詳述した。ここでは、足の踵
を性器の上に置く、という説明に
なっているが、恥骨の辺りのこと
で、女性も同じポーズを取る場合、
シッダ・ヨーニ・アーサナと呼ば
れる。

5. 右の踵を左の太腿の付け根に置き、左の踵を右の太腿の付け
   根に置く。手を背中側に回して後ろで交差させ、それぞれの
   足の親指をつかむ。アゴを胸に付け鼻先を凝視する。これが
   蓮華座、パドマ・アーサナであり、心配ごとや病気を壊滅す
   ると言われる。（1－12）(9) <12>

वामोरूपरि दक्षिणं च चरणं संस्थाप्य वामं तथा दक्षोरूपरि पश्चिमेन
विधिना धृत्वा कराभ्यां दृढम् । अङ्गुष्ठौ हृदये निधाय चिबुकं नासाग्रमा
लोकयेद् एतद् व्याधिविकारनाशनकरं पद्मासनं प्रोच्यते॥१ - १२॥

解説：ここで述べられているのは、ハタ
ヨーガの行法で、「完全なるパド
マ・アーサナ」と言われるものであ
る。ジャーランダラバンダ、ウンマ
ニームドラー、ムーラバンダ（いず
れも後述）などが行われるので、瞑
想のための坐ではない。

c．チャクラ

6. 4枚のロータスの花弁を思い浮かべるムーラダーラチャクラ、6枚の花弁を持つスワディシュターナチャクラ、１０枚の花弁を持つヘソの辺りのマニプーラチャクラ、そして、１２枚の花弁を持つ4のアナーハタチャクラがある。（1－15）

चतुर्दलं स्यादाधारं स्वाधिष्ठान च षट्दलम् ।
नाभौ दशदलं पद्मं सूर्यसङ्ख्यादलं हृदि ॥१ - १५॥

7. ノドに16枚のロータスの花弁を持つヴィシュッダチャクラがあり、額の眉間に２枚の花弁を持つアギャーチャクラがある。ブラフマランドラ（頭蓋骨の基部の洞穴）に1，000枚の花弁を持つサハスラーラチャクラがある。

（1－16）〈16〉

कण्ठे स्यात् षोडशदलं भूमध्ये द्विदलं तथा ।
सहस्रदलमाख्यातं ब्रह्मदन्ध्रे महापथे ॥१ - १६॥

解説：ムーラダーラ・チャクラは、スシュムナー（背骨）の基底部、肛門と性器の間辺り、スワディシュターナ・チャクラは、性器の間辺り、この２つのチャクラは、アパーナ・ヴァーユが支配すると言われている。マニプーラ・チャクラは、ヘソの辺り、サマーナ・ヴァーユが支配する。アナーハタ・チャクラは、心臓の辺り、プラーナ・ヴァーユが支配する。ヴィシュッダ・チャクラは、ノドの辺り、ウダーナ・ヴァーユが支配する。アギャー・チ

ャクラは、眉間の辺り。サハスラーラ・チャクラは、頭頂でシュンニャ・チャクラとも呼ばれている。

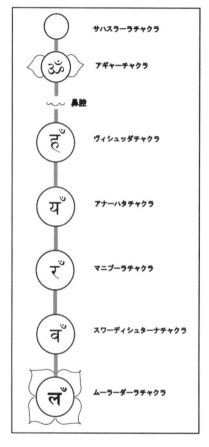

それぞれのチャクラの花弁は、ムーラダーラが４枚（व,श,ष,स）、スワディシュターナが６枚（ब,भ,म,य,र,ल）、マニプーラが、１０枚（ड,ढ,ण,त,थ,द,ध,न,प,फ）、アナーハタが１２枚（क,ख,ग,घ,ङ,च,छ,ज,झ,ञ,ट,ठ）、ヴィシュッダが１６枚（अ,आ,इ,ई,उ,ऊ,ऋ,ॠ,ल,ॡ,ए,ऐ,ओ,औ,अम्,अह）アギャーが２枚（ह,क्ष）である。（括弧内は、ビージャを表すサンスクリット・アクシャラ）。また、それぞれのタットヴァは、順に、地、水、火、風、空となる。（１３２頁の図も参照されたい）

8. 根源となるエネルギーのセンターである最初のチャクラはムーラダーラチャクラである。そして、２番目となるチャクラは、スワディシュターナチャクラである。その間に、ヨーニー（会陰部）があり、ここは生殖の座である。

（1−17）(10) ⟨17⟩

आधारं प्रथमं चक्रं स्वाधिष्ठानं द्वितीयकम् ।
योनिस्थानं द्वयोर्मध्ये कामरूपं निगद्यते ॥१ - १७॥

4枚のロータスの花弁を持つ（ムーラ）アーダーラ（チャクラ）が、グダ・スターナ（肛門の辺り）にあり、そこはカーマーキャー（ヨーニー）である。会陰部にあたりヨーガの道を達成した人に崇拝されている。（1−18）(11)〈18〉

आधाराख्ये गुदस्थाने पङ्कजं च चतुर्दलम् ।
तन्मध्ये प्रोच्यते योनिः कामाख्या सिद्धवन्दिता ॥१ - १८॥

解説：チャクラの中でも、ムーラダーラ・チャクラは、クンダリニーという生命エネルギーの眠る場所なので、序説の９．と１３．で説明した通り、呼吸においても、気の流れ（ヴァーユ）においてもここが出発点となる。

d．ナーディ

9．ヘソの下と男性性器との間にカンダヨーニーがあり、鳥の卵の形をしている。ここが、７２，０００本のナーディの源である。（1−25）(16)〈25〉

ऊर्ध्वं मेढ्रादधो नाभेः कन्दयोनिः खगाण्डवत् ।
तत्र नाड्यः समुत्पन्नाः सहस्राणां द्विसप्ततिः ॥१ - २५॥

解説：カンダ・ヨーニーは、女性の子宮に似た場所で球根や鳥の
　　　卵の形に似ていると言われ、ここが７２，０００本と言わ
　　　れるナーディーの源である。

１０．この何千ものチャンネルの内、７２本が生命に関わるもの
　　　として配置されている。特に、その中の１０本が重要であ
　　　る。（１－２６）(17)〈26〉

तेषु नाडिसहस्रेषु द्विसप्ततिरुदाहताः ।
प्रधानाः प्राणवाहिन्यो भूयस्तासु दश स्मृताः ॥१ - २६॥

解説：ナーディというのは、解剖して目に見えるものではなく、
　　　身体中を巡るサイキックな非常に微細な管で、よくインド
　　　菩提樹の葉脈に譬えられる。

１１．重要な１０本とは、イダー、ピンガラー、スシュムナー、
　　　ガンダーリー、ハスティジフヴァー、プーシャー、ヤシャ
　　　スヴィニー、アラムブシャー、クフー、シャンキニーであ
　　　る。これらの通路とチャクラは、ヨーギーなら常に知って
　　　いる。（１－２７）（１－２８）(18)(19)〈27〉〈28〉

इडा च पिङ्गला चैव सुषुम्णा च तृतीयका ।
गन्धारी हस्तिजिह्वा च पूषा चैव यशस्विनी ॥१ - २७॥

अलम्बुषा कुहूश्चैव शङ्खिनी दशमी स्मृता ।
एतन्नादीमयं चक्रं ज्ञातव्यं योगिभिः सदा ॥१ - २८॥

１２．イダーは左側にあり、ピンガラーは右側にある。スシュム
ナーは、中央に位置する。一方、ガンダーリーは左の眼の
部位に通じる。ハスティジフヴァーは右の眼に、プーシャ
ーは右耳に、ヤシャスヴィニーは左耳に、アラムブシャー
は口に通ずる。

（１−２９）（１−３０）(20)(21)〈29〉〈30〉

इडा वामे स्थिता भागे पिङ्गला दक्षिणे स्थिता ।
सुषुम्णा मध्यदेशे तु गन्धारी वामचक्षुषि ॥१ - २९॥

दक्षिणे हस्तिजिह्वा च पूषा कर्णे च दक्षिणे ।
यशस्विनी वामकर्णे ह्यानने चाप्यलम्बुषा ॥१ - ३०॥

解説：序説の１３．の
イラストも参考にして
ほしいが、イダーは左
鼻、ピンガラは右鼻を
終端部とし、スシュム
ナーは、脊椎中央部を
通り、頭蓋骨のブラフ
マランドラに通じる。
この３つが最も重要な

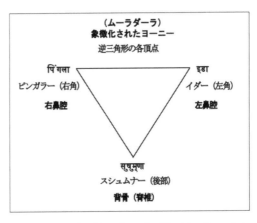

ナーディである。序説の９．同様、象徴化された逆三角形で示さ
れ、その各頂点の左角がイダー（左鼻腔）、右角がピンガラー（右
鼻腔）、これらは身体で言えばお腹側、そしてもう一つの頂点、ス
シュムナーは後部、即ち、背中側になる。

この詩句の重要な１０本の残りのガンダーリーは左目に、ハス
ティジフヴァーは右目に、プーシャは右耳に、ヤシャスヴィニー
は左耳に、アラムプシャーは口に通じる。

１３．クーフは、生殖器の辺りにあり、シャキニーは、ムーラダ
　　　ーラの辺りにある。以上が１０のナーディであり、それぞ
　　　れが異なった通路を巡っている。

　　　　　　　　　　　　　　　　（１－３１）(22) ⟨31⟩

　　　कूहुश्च लिङ्गदेशे तु मूलस्थाने च शङ्किनी ।
　　　एवं द्वारं समाश्रित्य तिसष्ठन्ति दश नाडियः ॥१ - ३१॥

解説：クフーは生殖器に、シャンキニーは、肛門に通じる。

１４．イダー、ピンガラー、スシュムナーが、プラーナの主な通
　　　路である。常に、生命の力が行き来し、それぞれ太陽と月
　　　と火が結びついている。（１－３２）(23) ⟨32⟩

　　　इडापिङ्गलासुषुम्णाः प्राणमार्गसमाश्रिताः ।
　　　सन्ततं प्रानवाहिन्यः सोमसूर्याग्निदेवताः ॥१ - ३२॥

解説：ここでのプラーナの通路とは、呼吸に関連した内外の生命
　　　エネルギーの通路という意味である。なお、イダー、ピン
　　　ガラー、スシュムナーの主宰神は、それぞれ月（ソーマ सोम）、
　　　太陽（スーリヤ सूर्य）、火（アグニ अग्नि）である。

e．ヴァーユ

15．5気とは、プラーナ、アパーナ、サマーナ、ウダーナ、ヴィヤーナであり、他に、ナーガ、クールマ、クリカラ、デーヴァダッタ、ダナンジャヤという別の副次的な気がある。

（1－33）(24)〈33〉

प्राणोऽपानं समानश्चोदानव्यानौ वायवः ।
नागः कूर्मोऽथ कृकरो देवदत्तो धनञ्जयः ॥१ - ३३॥

解説：身体の内部で働くパンチ
ャ・ヴァーユ（5気）が説
明される。外部で働くもの
には、ナーガ、クールマ、
クリカラ、デヴァダッタ、
ダナンジャヤがある。順に、
げっぷや嘔吐、まぶたの開
閉、くっしゃみ、あくび、
養分の配分などに関わると
される。大体のエリアは、

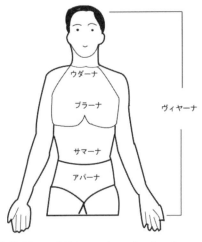

これで掴んでいただけると思うが、プラシュナ・ウパニシャ
ッドに次の2詩句がある。

プラーナは、アートマンより生まれ、ちょうど人から影が離れ
ないように留まり、心の動きによって動く。（3－3）

आत्मन एष प्राणो जायते
यथैषा पुरुषे छायैतस्मिन्नेतदाततं
मोनोकृतेनायात्यस्मिञ्शरीरे ॥३ - ३॥

そして、この５気の中で特別な気がウダーナである。

ウダーナは、その人の行い、つまり、高潔な行い、
罪深い行いのいかんによってその世界へと引き上げる。

（３−７）

अथैकयोर्ध्व उदानः पुण्येन पुण्यं लोकं नयति
पापेन पापमुभ्यामेव मनुष्यलोकम् ॥ ३ - ७॥

「パーペーナ パペन」のパーパは、直訳すれば罪の意味だが、「心
の汚れた行いのいかんによって」の方が適切である。

１６．アパーナはプラーナを引き寄せ、プラーナはアパーナを
　　引き寄せる。このように、互いに引き合う生命の力があり
　　ヘソの辺りで、それは起こる。ヨーガを理解している者は、
　　そのことをよく熟知している。（１−４１）(29)〈41〉

अपानः कर्षति प्राणं प्राणोऽपानं च कर्षति ।
ऊर्ध्वाधः संस्थितावेतौ संयोजयति योगवित् ॥१ - ४१॥

解説：重要なハタヨーガの実践法が述べられている。ムーラダー
　　ラ周辺にある生命エネルギーのアパーナ気は、アギャーチ

ャクラ周辺にあるプラーナ気を引き寄せる傾向がある。一方、プラーナ気は、ムーラダーラ周辺のアパーナ気を自分の周辺エリアに引き寄せようとする傾向がある。この両者の合一をハタヨーガとする。プラーナ・アーヤーマは、ハタヨーガでは「調気法」と呼ばれるようになった理由は、ここにある。つまり、ハタヨーガでは、アパーナを引き上げ、プラーナを引き下げ、両者をヘソの辺りで合一させる。従って、ここではヴァーユのコントロールであって、後述のバンダとムドラー行法が大きく関わる。次句の**ハムサ**とはサマーディに関わる呼吸法で異なった意味を持つ。

ｆ．ハムサ

１７．生きとし生きるものは、ハ（ह）の音と共に息を吐き、サ（स）の音と共に息を入れる。この様に、あらゆる生き物は、常に、「ハムサ、ハムサ（हंस हंस）」というマントラを唱えている。（１−４２）（１−４４）〈42〉〈44〉

　　हकारेण बहिर्याति सकारेण विशेत्पुनः ।
　　हंसहंसेत्यमुं मन्त्रं जीवो जपति सर्वदा ॥१ - ४२॥

　　अजपा नाम गायत्री योगिनां मोक्षदायिनी ।
　　अस्याः सङ्कल्पमात्रेण सर्वपापैः प्रमुच्यते ॥१ - ४४॥

解説：序説の１５．**タントラの呼吸法**で述べたように、呼吸は生命現象を象徴するものであり、アパーナとプラーナの合一

のみならず、両鼻腔からのイキの流れの調和が重要である。
それが次句でハムサ・マントラとして象徴される。

18. クンダリニーが覚醒すると、この呼吸（アジャパーである
ガーヤトリーマントラ）こそ、生命の保護者であると気づ
く。これは科学であるプラーナの偉大さであり、そのこと
を、よく理解している者こそヨーギーである。

(1-46)〈46〉

कुण्डलिन्याः समुद्भूता गायत्री प्राणधारिणी ।
प्राणविद्या महाविद्या यस्तान्वेत्ति स योगवित् ॥१ - ४६॥

解説：身体の観察は、最も深いところに及ぶ。プラーナには、い
ろんな意味があるが、ここでは、「呼吸」の意味である。ま
た、「アジャパー」とは、ア・ジャパー（音声を発しない
अजपा）、即ち、**呼吸**のことである。通常、ガーヤトリー・
マントラは、音声を伴って唱えるものだと思っている人が
多いが、最も重要なのは、本来のア・ジャパー、音声を伴
わない生命の源・呼吸のことである。アーサナは、「ハムサ」
の深い意味を理解して行う必要がある。第3部の「シヴァ
スロータヤ」でこのことを検証する。

g．バンダ

19. マハームドラー、ナボームドラー、ウディヤーナバンダ、
ジャーランダラバンダ、ムーラバンダを知る者は、何もの

106

にも縛られない自由さを保証される者としてふさわしい。
（1－57）(32)〈57〉

महामुद्रां नभोमुद्रामुड्डियानं जलंधरम् ।
मूलबन्धं च यो वेत्ति स योगी मुक्तिभाजनम् ॥१ - ५७॥

解説：①マハームドラー　②ナボームドラー　③ケーチャリーム
　　　ドラー　④ウディヤーナバンダとジャーランダラバンダ
　　　⑤ムーラバンダの５つがあるが、通常の実践においては、
　　　この中でも③と④と⑤が重要である。いずれもクンダリニ
　　　ー・エネルギーを目覚めさせる。

h．ムーラバンダ

20．ムーラバンダは、踵を会陰部に当て、肛門を引き締め、ア
　　パーナ気を引き上げる。アパーナ気とプラーナ気が合一す
　　ると身体の中の老廃物は減少する。老人でさえも、若返る
　　ので、常に、このバンダを忘れないようにすべきである。
　　　　　（1－58）(37)〈81〉（1－59）〈82〉

पार्ष्णिभागेन संपीड्य योनिमाकुञ्चयेदुदम् ।
अपानमूर्ध्वमाकृष्य मूलबन्धो विधीयते ॥१ - ५८॥

अपाणप्राणयोरैक्यात् क्षयान्मूत्रपुरीषयोः ।
युवा भवति वृद्धोऽपि सततं मूलबन्धनात् ॥१ - ५९॥
解説：アパーナ気を引き上げるということは、逆に、下がらない

ように、という意味もある。前述の13.のようにアパー
ナとプラーナを合一させる他に、日頃から肛門を締めるム
ーラバンダを実践していると、自動車の車検に譬えると部
品の取り替えが少なくてすみ（排泄物が少なく）「老人でも
若返る」。

i．ウディーヤーナバンダ

21．大鳥が空高く舞い上がるのがウディヤーナバンダであり、
死神である象を蹴散らすライオンである。

（1－60）〈77〉

उड्डीनं कुरुते यस्मादविश्रान्तं महाखगः ।
उड्डीयाणं तदेव स्यान्मृत्युमातङ्गकेसरी ॥१ - ६०॥

解説：ウディーヤーナ（उड्डीयानम्）は、サンスクリット語のウッ
ト（उत्）ディ（दि）から来ていて、「上へと飛び上がる」
という意味である。従って、「大空を高く飛び上がる」とい
う表現は、ヘソの下から上へと腹部を引っ込めるウディヤ
ーナバンダによって、アパーナ気がスシュムナーの中を上
昇すると言う意味である。

j．ジャーランダラバンダ

22．ジャーランダラバンダ（ノドの引き締め）は、プラーナ気
の通路を閉めるので、その結果、ナボージャラは下降しな

い。この実践は、ノドの病気を引き起こさない。

（1－62）〈79〉

बध्नाति हि शिराजालं नाधो याति नभोजलम् ।
ततो जालन्धरा बन्धः कण्ठदुःखौधनाशनः ॥१ - ६२॥

解説：ナボージャラとは、チャンドラ・カラームリタ（ギリシャ
　　　語語源のネクター、甘露）とも言われ、次句のケーチャリ
　　　ー・ムドラーとも関連する。ヴィールス性の病気の感染を
　　　防ぐ。

ｋ．ケーチャリームドラー

２３. 舌を反転させ、軟口蓋に当てる。そして、眉間を凝視する。
　　　これがケーチャリームドラーである。

（1－64）(34)〈64〉

कपालकुहरे जिह्वा प्रविष्टा विपरीतगा ।
भुवोरन्तर्गता दृष्टिः मुद्रा भवति खेचरी ॥१ - ६४॥

ケーチャリームドラーを知る者は、病気にならず、不眠、
空腹、ノドの乾き、失神はおろか、死からも解放される。

（1－65）〈65〉

न रोगो परणं तस्य न निद्रा न क्षुधा तृषा ।
न च मूर्च्छा भवेत् तस्य यो मुद्रा वेत्ति खेचरीम् ॥१ - ६५॥

109

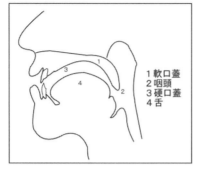

1 軟口蓋
2 咽頭
3 硬口蓋
4 舌

解説：舌（図の番号４）を反転させ軟口蓋の奥まったところに当てるのは、軟口蓋の上部にある月からしたたり落ちる「半月のネクター（the nectar of the half moon）」が、胃の中に落ち込んで火によって燃えてしまわないようにするためである。その効果がここに述べられている。後述のヴィパリータ・カラニー・ムドラーと密接に関係する。

Ⅰ．ビンドゥ

２４．ビンドゥには、白と赤の２種類がある。白い方は、シュクラ（精液）で、赤い方は、偉大なるラジャス（女性の卵巣からの分泌液）である。（１－７２）〈72〉

स पुनर्द्विविधो बिन्दुः पण्डुरो लोहितस्तथा ।
पाण्डुरं शुक्रमित्याहुः लोहिताख्यं महारजः ॥१ - ७२॥

ラジャスは、太陽（ヘソ）に位置し、朱色の液体に似ている。シュクラ・ビンドゥは、月に位置し、両者の結合は稀にしか起こらない。（１－７３）〈73〉

सिन्दूरद्रवसंकाशं रविस्थाने स्थितं रजः ।
शशिस्थाने स्थितो बिन्दुः तयोरैक्यं सुदुर्लभम् ॥१ - ७३॥

110

ビンドゥは、シヴァ、ラジャスはシャクティである。ビンドゥは月、ラジャスは太陽、両者が結合することによって至福の状態が起こる。（1－74）〈74〉

बिन्धुः शिवो रजः शक्तिर्बिन्दुरिन्दू रजो रविः ।
उभयोः सङ्गमादेव प्राप्यते परमं पदम् ॥१ - ७४॥

気が動けば、ビンドゥも動く。気が動かなければ、ビンドゥも動かない。ヨーギーが柱のように不動であるためには、気を汚してはならない。（1－90）〈90〉

चले वाते चलो बिन्धुर्निश्चले निश्चलो भुवेत् ।
योगी स्थाणुत्वमाप्नोति ततो वायुं निरुद्धयेत् ॥१ - ९०॥

解説：2種類のビンドゥについて述べられている。シュクラは精液、ラジャスは月経を意味する。ラジャスは太陽でシヴァ、シュクラは月でシャクティを象徴する。ハタヨーガとは、従って、この両者の結合を意味する。

m. ヴィパリータカラニー

25. ヘソが上に、口蓋が下に来る。太陽が上に、月が下に来る。これがヴィパリータカラニーであって、師から口伝によって学ぶべきである。（2－34）(59)

ऊर्ध्व नाभिरधस्तालुरूर्ध्व भानुरधः शशी ।
करणी विपरीतख्या गुरुवाक्येन लभ्यते ॥२ - ३४॥

解説：この体位は、アーサナではなく、ムドラーである。ジャーランダラバンダ、ウディヤーナバンダは、自然に起こる。また、ケーチャリームドラーも同時に行う。必ず、熟達した指導者の指示のもとに行う。ムドラーに習熟するためには、何年もかけて基本のアーサナが充分に出来なければならいのは言うまでもないことだが、このムドラーへの移行には、ハラ・アーサナ、サルヴァンガ・アーサナにも習熟しておく必要がある。

ウディヤーナ・バンダ
ジャーダンダラ・バンダ
ケーチャリー・ムドラー

n．サマーディ

26．微細要素のタンマートラ、例えば、音は、感覚器官の耳などに達するが、次第に、瞑想の状態が起こり、その後に、サマーディの状態になる。（2−83）(93)

शब्दादीनां च तन्मात्रं यावत् कर्णादिषु स्थितम् ।
तावदेव स्मृतं ध्यानं समाधिः स्यादतः परम् ॥२ - ८३॥

解説：サマーディの状態は、微細な要素が感覚器官から次第

に離れて、つまり、プラッティヤーハーラから、瞑想
状態（想念が1つ）になり、その後に起こる。

サマーディとは、すべての（対極にある）2つのものが完
全に1つとなった状態であり、また、個別意識が宇宙意識
に溶け込んだ状態のことである。その時、すべての欲望、
願望は消滅する。（2−85）

　यत् सर्वद्वन्द्वयोरैक्यं जीवात्मपरमात्मनोः ।
　समस्तनष्टसङ्कल्पः समाधिः सोऽभिधीयते ॥२ - ८५॥

塩水は、塩が水に溶けてしまった状態であるが、ヨーガと
は、同じ状態のことである。心が真の自己に溶けてしまっ
て1つになれば、それがサマーディである。（2−86）

　अम्बुसैन्धवयोरैक्यं यथा भवति योगतः ।
　तावदेव तथात्ममनसोरैक्यं समाधिरभिधीयते ॥२ - ८६॥

プラーナが鎮まると、心は吸収される。2つが1つ調和す
ると、それが、サマーディである。（2−87）(94)

　यदा सङ्क्षीयते प्राणो मानसं च प्रलीयते ।
　तदा समरसत्वं च समाधिः सोऽभिधीयते ॥२ - ८७॥

解説：いずれもサマーディの状態が述べられている。「6肢ヨー

ガ」の階梯はアーサナから始まるが、ヨーガとはサマーディの状態のことに他ならない。

　ここで、初心者のための行法として「ヨーガニドラー」について述べておく。サッチャナンダは、この行法を、「プラッティヤーハーラ」の一側面と言っているように、シャバ・アーサナから移行して行うと非常に効果が高い。導入に当たっては熟達した指導者の指示に従ってほしい。

○．ヨーギー

27.　熟達したヨーギーは、実在には、始まりも終わりもなく、姿・形もなく、支えも必要なく、幻想や罪にとらわれることもなく、退避する所や護られる所の必要もないと気づいている。（2−92）(92)

　　　निराद्यन्तं निरालम्बं निष्प्रपञ्चं निराश्रयम् ।
　　　निरामयं निराकारं तत्त्वं तत्त्वविदो विदुः ॥२ - ९२॥

28.　ちょうどギーの中に、ギーを注いでも何の変化もないように、ミルクの中にミルクを注いでも、何も変わらない。ヨーギーは、実在と常に1つ。他の何ものでもあり得ない。
（2−96）

　　　यथा धृतं धृते क्षिप्तं धृतमेव हि जायते ।
　　　क्षीरे क्षीरं तथा योगी तत्त्वमेव हि जायते ॥२ - ९६॥

解説：ヨーガの状態に達した人、それがヨーギーと呼ばれるが、
　　　人が真似の出来ないようなアーサナが出来たとしてもヨー
　　　ギーではない。ヨーガを達成した人は、中村天風をはじめ、
　　　民間人にもあり、いろいろなところで出会う。サマーディ
　　　の状態に達した人同士には、それが分かる。

ｐ．ゴーラクシャ・シャタカ

29. 人は整然と、いつも、このヨーガの経典を学ぶべきである。
　　何故なら、そこから、アディナータ（シヴァ）自身の蓮華
　　の口から根源の言葉が流れ出てくるからである。さらに、
　　他の経典を学ぶ必要はない。（2－100）

　　योगशास्त्रं पठेन्नित्यं किमन्यैः शास्त्रविस्तरैः ।
　　यत् स्वयं चादिनाथस्य निर्गतं वदनाम्बुजात् ॥2 - १००॥

30. ヨーガを学ぶ人すべてのために、彼、ゴーラクシャナータ
　　は、この経典を伝えた。この経典を完全に理解すれば、必
　　ずや至福の境地に到達できる。（1－4）

　　गोरक्षशतकं वक्ति योगिनां हितकाम्यया ।
　　ध्रुवं यस्यावबोधेन जायते परमं पदम् ॥१ - ४॥

解説：ゴーラクシャナータから伝えられて、実践し、その恩恵を
　　　受けた人は、次の世代の人に伝承する義務がある。

第 3 部

シヴァ・スワローダヤ入門

The Essence of Śiva Svarodaya

序　説　〜　タントラの呼吸法

　シヴァ・スワローダヤは、第2部の終わりで少しふれたように、シヴァが配偶者であるパールヴァティーに語って聞かせた教えである。

　この逸話は、パシュパタ・ヨーガの本、*Origin of Yoga & Pashupata Yoga* でスワミ・ニランジャナナンダが詳しく紹介している。それによれば、シヴァは、妻にこれから自分は目を閉じて一気に話すので、聴いている証拠に、必ず「はい、はい。」と頷くよう要請した。しかし、シヴァがハタヨーガについて語るくだりになり、パールヴァティーは、途中から眠くなって終わった頃にはぐっすりと眠ってしまった。それに気がついたシヴァは、眠ってしまったのは構わない。しかし、「はい、はい。」と頷いていたのは誰なのか？と不思議に思う。

　実は、その時、2人の坐っている近くの岩陰に幼魚が隠れていてこの話をすっかり聴いてしまったのだ。

　後に、1つは魚の、もう1つは蛇の2つの卵が残っていた、という。シヴァは、それを、それぞれ自分の息子として受け入れた。

　1つは、ナータ（नाथ）派のマッチェンドラナータであり、科学としてのハタヨーガを広めることになり、もう1つは、アナンタ（अनन्त）で、後にパタンジャリとして生まれラージャヨーガを広めることとなる。

　パタンジャリの誕生については、次のような逸話もある。母のゴーニカは、敬虔な女性で沐浴しているとき太陽の神に息子を授かりたいと祈る。すると、両手に蛇の神シェーシャ（アナンタ）を授かる。パタンジャリ（पतञ्जलि）の名前は、パット（पत् 降臨

119

する）＋アンジャリ（अञ्जलि 供物などを受け取る時のように両掌を開くしぐさ）に由来する。（註）

（註）*Yoga for children* by Swati Chanchani, Rajiv Chanchani

　この様に、シヴァが師匠、弟子は、パールヴァティから始まって師資相承となる。学校での教育と違って、人から人への関係性と伝承が非常に重要となり、伝承される者の資質が問われる。能や歌舞伎などの芸の伝承に似ている。

　シヴァが配偶者であるパールヴァティーに語って聞かせた教えとは、左・右それぞれの鼻腔からの息、ヴァーユの流れ、いわゆる呼吸についてであった。

　タントラに基づくダルシャナは、きわめて科学的なものであり現代の科学にも通じる。呼吸は、目に見えない微細なものであるが、それを精緻な目で観察している。そして、ブッダと同様、呼吸を心との関連で眺め、一方が「アーナーパーナサティ」として実践に取り入れたように、この「タントラの呼吸法」は、ハタ・ヨーガの実践に取り入れられた。

　後に、ラマナ・マハルシが、「ウパデーシャ・サーラ」（US-12）で要約して次のように述べた。

　　　心とプラーナには、それぞれ思考力と活性エネルギーとが付与され
　　　ている。これらは、１つの樹（根源）より分かれた２つの幹である。

　　　चित्तवायवश्चित्क्रियायुताः ।　（チッタヴァーヤヴァシュチツクリヤーユターハ）
　　　शाखयोर्द्वयी शक्तिमूलका　।। १२।।　（シャーカヨールドゥヴァイー　シャクティムーラカー）

120

この理解（気づき）こそスワローダヤの意味である。

スワローダヤというサンスクリット語のサンディを分けると、スワラ（स्वर）＋ウダヤ（उदय）となる。スワラは、「呼吸」、ウダヤは、「一方の鼻孔から他方の鼻孔への息の流れ」という意味である。左（イダー）右（ピンガラー）それぞれの鼻孔からの息の出入り、その持続時間、交代時間、全身に張り巡らされたナーディ、5つのタットヴァなどとの関連などが全395詩句で述べられる。本書では、そこから核心となる28詩句を選んで解説する。

なお、配偶者であるパールヴァティーが、シヴァに教えを請う形をとり、詩句では、パールヴァティーがデヴィー（देवि goddess）、シヴァがイーシュワラ（ईश्वर Lord）になっている。

丁度、「バガヴァッド・ギーター」で見てきたような二人の対話、アルジュナ・ウヴァーチャ（अर्जुन उवाच）、クリシュナ・ウヴァーチャ（कृष्ण उवाच）(註) は、ここでは同様に、デーヴィユヴァーチャ（देव्युवाच）、イーシュワラ・ウヴァーチャ（ईश्वर उवाच）となっている。

(註) BG で何度も出てくるウヴァーチャ（उवाच）とは、サンスクリット動詞語根ヴァッチュ（√वच）「言う」の完了過去形で「言った」の意。

シヴァ・スワローダヤ

ａ．５大要素

1. 宇宙は５要素より生じ、宇宙を維持する。そして、再び、
   ５要素に溶け込み吸収される。（４）

तत्त्वाद्ब्रह्माण्डमुत्पन्नं तैरेव परिवर्त्तते ।

तत्त्वे विलीयते देवि तत्त्वाद्ब्रह्माण्डनिर्णयः ॥४॥

解説：**タントラの世界の象徴化②**（７３頁〜７４頁）で述べたよう
　　　に、タントラでは、**５大要素（空・風・火・水・地）**の空が
　　　元になってそこから生じ、また、再び、そこへ吸収される。
　　　しかし、タントラでは、スパンダ理論に基づいているので、
　　　いずれもがリアリティである。

2. 風から火が、火から水が、水から地が生じる、というふうに、
   ５要素は、それぞれ異なり、２０の存在は、この５要素に基
   づく。（７）

वयोस्तेजस्ततश्चापस्ततः पृथ्वीसमुद्भवः ।
एतानि पञ्चतत्त्वानि विस्तीर्णानि च पंचधा ॥७॥

解説：ヴェーダーンタの BS（１−３−４１）でも述べられたよう
　　　に、空間は、根源としてのエネルギーが一時的に姿・形を

122

とったものとして顕れ、風・火・水・地は、その各要素として、以下、順に説明される。

b. 地

3. パールヴァティーよ。この身体は、地、水、火、風、空の5大要素から成る。地は、この身体において骨、筋肉、皮膚、ナーディ、髪の毛である。ヴェーダを熟知したブラフマギャーニーは、それをわきまえた者である。
（191）（192）

पृथिव्यापस्तथा तेजो वायुराकाशमेव च ।
पञ्चभूतात्मको देहो ज्ञातव्यश्च वरानने ॥१९१॥

अस्थि मांसं त्वचा नाडी रोमं चैव तु पञ्चमम् ।
पृथ्वी पञ्चगुणाः प्रोक्ता ब्रह्मज्ञानेन भाषितम् ॥१९२॥

解説：地、水、火、風、空の5大要素は、この身体の構成として示される。それを理解している者がブラフマギャー（ब्रह्मज्ञ）の名で呼ばれる、と言うのが直訳だが、それを理解することが求められている。この詩句で、先ず、地が説明され、以下、順に、水、火、風、空各要素が1つずつ説明される。

　（「ギーター」での説明は、拙著『ギーターとブラフマン』107頁～108頁参照）

c．水

4．（次に）水は、精液、血液、脂肪、尿、唾液である、と
　　ブラフマギャーニーは言う。（１９３）

शुक्रशोणितमज्जा च मूत्रं लाला च पञ्चमम् ।
आपः पञ्चगुणाः प्रोक्ता ब्रह्मज्ञानेन भाषितम् ॥१९३॥

d．火

5．空腹、ノドの渇き、睡眠、眠気、活気のなさの５つが、火の
　　要素である。（と、ブラフマギャーニーは言う。）（１９４）

क्षुधा तृषा तथानिद्रा कांतिरालस्यमेव च ।
तेजः पञ्चगुणं प्रोक्तं ब्रह्मज्ञानेन भाषितम् ॥१९४॥

e．風

6．走行、歩行、結んだり縛ったりすること、引っ張ったり締め
　　たりすることの５つは、風の要素である。（と、ブラフマギャ
　　ーニーは言う。）（１９５）

धावनं चलनं ग्रन्थः संकोचनप्रसारणे ।
वायोः पञ्चगुणाः प्रोक्ता ब्रह्मज्ञानेन भाषितम् ॥१९४॥

f．空

7．さらに探求すれば、愛、憎しみ、恥じらい、恐れ、執着の5
つは、空の要素である。（と、ブラフマギャーニーは言う。）

(196)

रागद्वेषो तथा लज्जा भयं मोहश्च पञ्चमः ।
नभः पञ्चगुणं प्रोक्तं ब्रह्मज्ञानेन भाषितम् ॥१९४॥

解説：ここでの空は、空間・根源としてのエネルギーではなく、
　　　要素のアーカーシャとしての説明である。

g．師（グル）と弟子（シッシャ）

8．スワローダヤに関する科学は、師から弟子（シッシャ）へと
伝えられた。伝承される弟子は、心静かで、純粋、良き資質
に恵まれ、師との固い信頼に結ばれた者に限られる。素直で、
優しい振る舞いが求められる。(13)

शान्ते शुद्धे सदाचारे गुरुभक्त्यैमानसे ।
दृढचित्ते कृतज्ञे च देय चैव स्वरोदयम् ॥१३॥

解説：真理を求めることを続けていると、ある時、必要な師との
　　　出会いが起こる。そこで伝えられたことは、また、次の世代
　　　へと伝承されなければならない。その伝承されるべき人の資
　　　質が、ここで述べられている。

9. 邪悪で信がなく、節度をわきまえず努力をしない、怒りっぽい性格で、師の妻に近づく者には、この科学は伝承してはならない。（１４）

दुष्टे च दर्जने कुद्धे नास्तिके गुरुतल्पगे ।
हीनसत्त्वे दुराचारे स्वरञ्जनं न दीयते ॥१४॥

解説：われわれの学びは、世間で、ある資格や地位を得るための知識を獲得するようなものではない。すべての人の幸せを願わない人や、師に対する尊敬や信頼のない人に伝承することはふさわしくなく、また、この様な人には伝えてはならない。

h．３種のナーディとプラーナ

１０．３種類のナーディの識別、プラーナ・ヴァーユの識別、スシュムナーを知る者は、すべてのことから解放され自由になる。（１８）

नाडिभेदं तथा प्राणतत्त्वभेदं तथैव च ।
सुषुम्नामिश्रभेदं च यो जानाति समुक्तिगः ॥१८॥

解説：３種のナーディ、イダー、ピンガラー、スシュムナーと呼吸の関係、５つのヴァーユとの関係の説明が始まる。

１１．スシュムナーの中に、蛇に似たクンダリニー・シャクティが眠っている。１０本のナーディが、身体の中を根元から

上昇し、また、下降する。２組のナーディーが、それぞれ
斜め方向に走るので、全部で２４本となる。これらナーデ
ィーの中で１０本のナーディーが主たるもので、身体の中
をヴァーユとして流れる。（３４）

द्वे द्वे तिर्यग्गते नाड्यौ चतुर्विंशतिसंख्यया ।
प्रधाना दश नाड्यस्तु दश वायुप्रवाहकाः ॥३४॥

解説：主要な１０本のナーディは、GŚの１１で詳しく説明された
　　　ように（１００頁）、スシュムナーとクンダリニー・シャク
　　　ティの関係、５つのヴァーユとの関係などの説明がなされる。

１２．斜め方向、上下方向へと動くすべてのナーディは、各チャ
　　　クラを通り、プラーナ・ヴァーユの統治下にある。（３５）

तिर्यगूर्ध्वास्तथा नाड्यो वायुदेहसमन्विताः ।
चक्रवत्संस्थिता देहे सर्वाः प्राणसमाश्रिताः ॥३५॥

１３．１０ナーディの内、主となる３つのナーディがある。それ
　　　は、イダー、ピンガラー、それにスシュムナーである。こ
　　　の３つが、最も重要視される。（３６）

तासां मध्ये दश श्रेष्टा दशानां तिस्त्र उत्तमाः
इडा च पिङ्गला चैव सुषुम्ना च तृतीयिका ॥

解説：３つの最も重要なナーディは、同じく GŚ の１２で説明され

た（１０１頁）、イダーとピンガラー、そして、スシュムナーである。イダーは、左鼻腔、ピンガラーは、右鼻腔、それぞれ月と太陽が、その象徴である。スシュムナーの基底部に、ムーラダーラチャクラがあり、プラーナとアパーナ気が、それぞれ上昇・下降する。９８頁のチャクラ図の

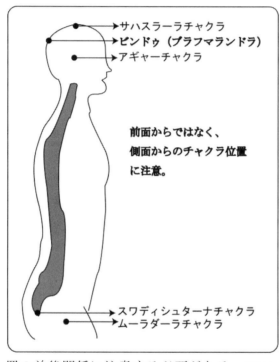

サハスラーラチャクラ
ビンドゥ（ブラフマランドラ）
アギャーチャクラ

前面からではなく、
側面からのチャクラ位置
に注意。

スワディシュターナチャクラ
ムーラダーラチャクラ

ように、マニプーラ・チャクラからヴィシュッダ・チャクラ、ムーラダーラ・チャクラからアギャー・チャクラ、マニプーラ・チャクラからアギャー・チャクラといった具合に、呼吸を意識する行法がある。その際、左図のように、各チャクラは、側面から見た位置の前後関係に注意する必要がある。（図は、*Yoga Nirda* by Swami Satynanda Saraswati などを参照。）

　次句から「スワラ」、即ち、「一方の鼻孔から他方の鼻孔への息の流れ」と、息の出入りである「ハムサ」の説明が始まる。

ⅰ．ハムサ

14. この身体に備わっている根源的なスワラ（स्वर）の科学に
ついて話そう。スワラの知識によって、ハムサ（हंस）の
の姿として機能する働きを、人は、未来永劫に渡って習得
するであろう。（10）

अथ स्वरं प्रवक्ष्यामि शरीरस्थस्वरोदयम् ।
हंसचारस्वरूपेण भवेज्ज्ञानं त्रिकालजम् ॥१०॥

解説：ハムサとは、われわれの生命を司る呼吸のことである。
　　　普通、意識には上がらないが、呼吸の停止は即、死を意味す
　　　る。その科学的な働きを知ることが、**スワローダヤ**である。

15. イダーには、月（の性質）が宿り、ピンガラーには、太陽
（の性質）が宿る。ハムサとは、スシュムナー。従って、
スシュムナーには、ハムサがシヴァの姿をして住んでいる。
（50）

इडायां तु स्थितश्चन्द्रः पिङ्गलायां च भास्करः ।
सुषुम्ना शम्भुरूपेण शम्भुर्हंसस्वरूपतः ॥५०॥

解説：ハムサ、気の流れる管は、クンダリニーやチャクラとも密
　　　接に関連する3種のナーディ、イダー（左・月）、ピンガラー
　　　（右・太陽）、スシュムナーである。

129

16. イキを吐くプロセスは、アルファベットのハ（ह）であり、イキを吸うプロセスは、アルファベットのサ（स）である。アルファベットのハ（ह）は、シヴァの姿、サ（स）は、シャクティの姿である。（51）

हकारो निर्गमे प्राक्तः सकारेण प्रवेशनम् ।
हकारः शिवरूपेण सकारः शक्तिरुच्यते ॥५१॥

解説：ハムサとサマーディとの関係が述べられている。

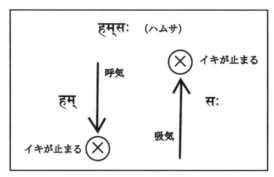

呼気と吸気の際、必ず１度、イキが止まることを確認する。この時、思考は止まり、想念は１つ、即ち、瞑想（ディヤーナ）に向かう。その後、サマーディの状態となる。入息と出息の比率は、次頁の表で示すように必ず、吸息１に対して、出息を２倍以上の長さにして、ゆっくりと長く吐くようにする。吸う息は、鼻からであるが、出す息は、左図のように口を細くして、吐くことから始めるとよい。

入　息 (吸気)	出　息 (呼気)				
↑	××	×	○	◎	◎
出息の長さ	1／2	1	2	3	5
1／2は半分		↓	↓	↓	↓
1は、同じ。			↓	↓	↓
2は、2倍。				↓	↓
3は、3倍。					↓
5は、5倍。					↓

（××印は、不可。×もダメ。○と◎は良い。）

ハタヨーガを実践していてもいなくても、日常のすべての動作を、**呼吸を意識して行う**だけで、ずいぶん健康になることができる。このハムサで象徴される呼吸が、すべてのカギになる。

ｊ．ナーディ

１７．左側のナーディ（イダー）の流れを制御するのは、シャクティの姿の月である。また、右側のナーディ（ピンガラー）は、シヴァの姿の太陽が制御している。（５２）

शक्तिरूपः स्थितश्चन्द्रो वामनाडीप्रवाहकः ।
दक्षनाडीप्रवाहश्च शम्भुरूपो दिवाकरः ॥५२॥

１８．イダーはガンガー河、ピンガラーはヤムナー河、スシュムナーはサラスワティ河である。これら３つの河の合流点は、

131

プラヤーガとして知られる。(374)

इडा गंगेति विज्ञेया पिङ्गला यमुना नदी ।
मध्ये सरस्वती विद्यात्प्रयागादिसमस्तथा ॥३७४॥

解説：イダーがガンガー河に、ピンガラーがヤムナー河に喩えら
れている。しかし、両河の合流地点にあたるアラハバードは、
プラヤーガ（聖地）と呼ばれるが、この詩句でサラスワティ
河に喩えられているのは絶妙で、地下から湧き起こり両河に
流れ込む。従って、ここではスシュムナーを暗示している。

19. 昼間であれ、夜間であれ、太陽の昇る時が太陽のスワラで
あり、月の昇る時が、月のスワラである。この時、ものご
とがうまくいく。(79)

सूर्योदये यदा सूर्यश्चन्द्रचन्द्रोदये भवेत् ।
सिध्यन्ति सर्वकार्याणि दिवारात्रिगतान्यपि ॥७९॥

解説：6. タントラ世界の象徴化①（72頁）の図のように、月、地
球、太陽の位置関係によって、われわれ人間も何らかの影響
を受けている。従って、朝夜明けとともに行う祈りを伴った
太陽礼拝（スーリヤ・ナマスカーラ）も行われる。そのイラ
ストを次頁に載せておく。同様に、チャンドラ・ナマスカー
ラがある。

スーリヤナマスカーラ

（1）（12）

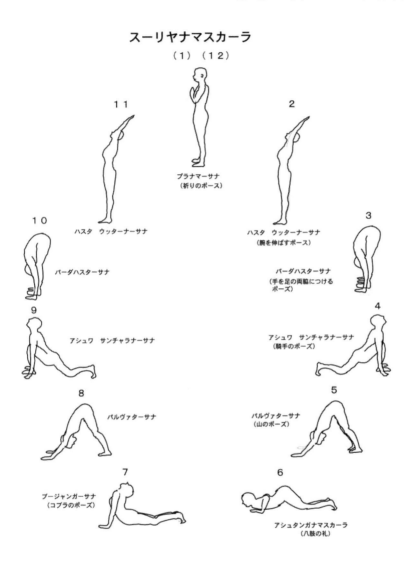

プラナマーサナ
（祈りのポーズ）

ハスタ　ウッターナーサナ

ハスタ　ウッターナーサナ
（腕を伸ばすポーズ）

バーダハスターサナ

バーダハスターサナ
（手を足の両脇につける
ポーズ）

アシュワ　サンチャラナーサナ

アシュワ　サンチャラナーサナ
（騎手のポーズ）

パルヴァターサナ

パルヴァターサナ
（山のポーズ）

ブージャンガーサナ
（コブラのポーズ）

アシュタンガナマスカーラ
（八肢の礼）

　１２のアーサナは、スムースな呼吸の流れと一致して行われなけ
ればならない。

133

k．アジャパー・マントラ（ハムサ）

20．ハ（ह）とサ（स）の差違は、呼吸においてはない、といか
に理解するか。それが分かれば、「ソーハム（सोऽहम्）」と
「ハムサ（हंस）」という２つの言葉を通じて常にものごと
が成就する。（２４９）

हकारस्य सकारस्य विना भेदं स्वरः कथम् ।
सोऽहं हंसपदेनैव जीवो जयति सर्वदा ॥२४९॥

解説：第２部「ゴーラクシャ・シャタカ入門」序章（６３頁〜８
６頁）の「タントラの呼吸法」を参照してほしい。ソーハム
（सोऽहं）とは、生命の象徴としての呼吸、即ち、ハムサ（हंस）
というアジャパー・マントラ（１０６頁）のことである。

21．心が想念に邪魔されることなく、自然にイキが止まり、静
かに神に瞑想する者は、すべての望みが叶い、計り知れな
い恩恵がもたらされ、すべてのことを克服できる。（２７３）

ध्यायेद्वं स्थिरो जीवं जुहुयाज्जीवसंगमे ।
इष्टसिद्धिर्भवेत्तस्य महालाभो जयस्तथा ॥२७३॥

l．ハタヨーガの実践

22．サーダナについて述べる。パドマ・アーサナの坐を取り、
ウディヤーナバンダを行う。アパーナヴァーユをヘソの辺

りまで引き上げる。（375）

बद्ध्वा पद्मासनं ये गुदगतपवनं सन्निरुद्ध्यमुमुच्चैस्तं
तस्यापानरन्ध्रक्रमजितमनिलं प्राणशक्त्या निरुद्ध्य एकीभूतं
सुषुम्ना विवरमुपगतं ब्रह्मरन्ध्रे च नीत्वा निक्षिप्याकाश - मार्गे
शिव चरणरता यान्ति ते केऽपि कधन्याः ॥३७५॥

23. パドマ・アーサナの坐を取り、アパーナ・ヴァーユを止め、
引き上げて、プラーナ・ヴァーユと合流させる。両者は溶
け合って、やがて、スシュムナーに入り、さらに、ブラフ
マランドラに達し、空への途へと解放する。かくして、シ
ヴァの足許に礼拝し、永遠の幸福へと至る。（387）

बद्ध्वा पद्मासनं ये गुदगतपवनं सन्निरुद्ध्यामुमुच्चैस्तं
तस्यापानरन्ध्रक्रमजितमनिलं प्राणशक्त्या निरुद्ध्य एकीभूतं
सुषुम्ना विवरमुपगतं ब्रह्मरन्ध्रे च नीत्वा निक्षिप्याकाश - मार्गे
शिव चरणरता यान्ति ते केऽपि धन्याः ॥३८७॥

解説：この２つの詩句は、調気法としてのヴァーユのコントロー
ルに当たる。ムドラー、バンダといったハタヨーガの行法が
関係する。特に、バンダ・トラヤと言って、ジャーランダラ・
バンダ、ウディヤーナ・バンダ、ムーラバンダは、熟達した
指導者の下に行わなければならない。

24. 人は、実践により身体を完全なものとすべきである。ヨー
ガの実践は、不可能を可能にするが、実践を怠れば死を招

く。他に方法はない。（３７２）

रक्षणीयस्ततो देहो यतो धर्मादिसाधनम् ।
योगाभ्यासात्समायान्ति साधु याप्यास्तु साध्यताम् ॥
असाध्याजीवितंध्न्तिनतत्रास्तिप्रतिक्रिया ॥३७२॥

解説：「ハタヨーガ」は、やろうと決めたら一生実践する。そうすれ
　　　ば、この詩句の意味が分かるであろう。ブッダの述べた通り
　　　健康は最高の利得」である。歳を取っても、子供たちに迷惑
　　　をかけることもない。

２５. 静坐し、僅かの食を摂り、瞑想し、神を知るものは、スワ
　　　ラの知識を得られるであろう。（３９５）

स्वस्थाने तु समासीनो निद्रां चाहारमल्पकम् ।
चिन्तयेत्परमात्मानं यो वेद स भविष्यति ॥३९५॥

解説：「心は静かで、食べ過ぎることもない。」すると、スワラ（呼
　　　吸）が神の領域であるということが分かる。

　　　　　m. シヴァ・スワローダヤを知る者

２６. 永遠に輝く類なき「シヴァ・スワローダヤ」を知り、ハー
　　　トの輝ける者は、すべての暗黒を破壊し、その月のような
　　　輝きは、たとえ夢の中でさえ死の恐れはまったくない。
　　　　　　　　　　　　　　　　　　　　　　　（３７３）

136

येषां हृदि स्फुरति शाश्वतमद्वितीयं ।
तेजस्तमोनिवहनाशकरं रहस्यम् ।
तेषामखण्डशशिरम्यसुकांतिभाजां स्वप्रोऽपि नो भवति
कालभयं नराणाम् ॥३७३॥

27. スワラを知る者は、常に足許にラクシュミーが存在し、あ
　　らゆる喜びと、どこへ行けども安堵感が得られる。(389)

स्वरज्ञानं नरे यत्र लक्ष्मीः पदतले भवेत् ।
सर्वत्र च शरीरेऽपि मुखंतस्य सदा भवेत् ॥३८९॥

28. スワローダヤの科学は、この世に到来し、ヨーギーによっ
　　て伝承された。それを太陽と月の食（しょく）の間じゅう、
　　暗唱し反復する者は、すべてのことが成就する。(394)

एवं प्रवीततं लोके प्रसिद्धं सिद्धयोगिभिः ।
चन्द्रार्कग्रहणे जाप्यं पठतां सिद्धिदायकम् ॥३९४॥

解説：スワローダヤは、まさに科学であり、水が１００℃になれ
　　ば沸騰するように、それが理解できれば必ず、そのようにな
　　る。今や、このアジャパー・マントラ、その偉大さを讃えよ
　　う。

　　ソーハム（सोऽहं）、ハムサ（हंस）！
　　ソーハム（सोऽहं）、ハムサ（हंस）！
　　ソーハム（सोऽहं）、ハムサ（हंस）！

「する」ヨーガから、「なる」ヨーガへ

a．パタンジャリとギーター

　ヨーガへの道は、サマーディに達することであって、そこへ至る実践・方法がウパーヤ（उपाय means and practices）である。それを、パタンジャリは、「ヨーガスートラ」第２章のサーダナ・パーダ YS（２−１）で**クリヤーヨーガ（क्रिययोग）**（註１）として、そこへ至る階梯は、同じく YS（２−２９）で「８肢ヨーガ」（註２）として示した。

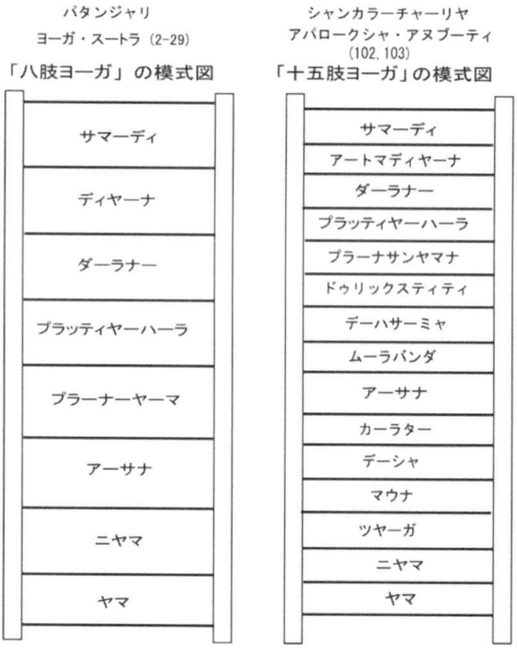

パタンジャリ
ヨーガ・スートラ (2-29)
「八肢ヨーガ」の模式図

サマーディ
ディヤーナ
ダーラナー
プラッティヤーハーラ
プラーナーヤーマ
アーサナ
ニヤマ
ヤマ

シャンカラーチャーリヤ
アパロークシャ・アヌブーティ
(102, 103)
「十五肢ヨーガ」の模式図

サマーディ
アートマディヤーナ
ダーラナー
プラッティヤーハーラ
プラーナサンヤマナ
ドゥリックスティティ
デーハサーミャ
ムーラバンダ
アーサナ
カーラター
デーシャ
マウナ
ツヤーガ
ニヤマ
ヤマ

　その階梯は、本書でその流れの変遷を見てきた通り、マイトリー・ウパニシャッドにあった「６肢ヨーガ」を元にし、タントラを起源とする「ゴーラクシャ・シャタカ」において、既に「６肢ヨーガの階梯」として確立していたものである。さらに、シャンカラーチャーリヤは「１５肢ヨーガの階梯」として列挙しているので、並べてみると左図

のようになる。

　また、「バガヴァッド・ギーター」で示されたヨーガの道（ウパーヤ）とは、上位3カースト（ドゥヴィジャ）に対しての**カルマヨーガの実践**である。その2つの方法とは、サンスクリット動詞 √कृ を語源とする①行う（to do）と②演じる to act）から、それぞれ、「ある行為を行うこと（doing）」と「（ある役割を）演ずること（acting）」であるが、行為の結果を求めずに行動することと、この世に人間として生まれた以上、スワダルマ（स्वधर्म）として果たさなければならない（演じなければならない）役割を通じて（註3）ヨーガの道を達成することである。

　パタンジャリの説いたヨーガの道は、自分自身がサマーディというヨーガの状態になるという静的なものであり、一方、「バガヴァッド・ギーター」の説いたヨーガの道は、①自分自身がヨーガの状態になり気づきを得ると共に、②社会的に役割を果たすという動的なものである。拙著で示したように、①は、（6－21）（註4）で、②は、（18－45）及び（18－46）（註5）で述べられている。

　（註1）自己探求、自己学習、神への献身、これらを（ひとまとめにして）クリ
　　　　ヤー・ヨーガ（実践ヨーガ）と言う。（2-1）
　　　　तपः स्वाध्याय ईश्वर - प्रणिधानानि क्रिययोगः ‖२ - ९‖
　　　　　　　　　　　（拙著『サーンキャとヨーガ』128頁）
　（註2）ヨーガの八部門とは、1. ヤマ（社会に対する規律）、 2. ニヤマ（自分自
　　　　身に対する規律）、3.アーサナ（ポスチュア、坐法）、4.プラーナーヤーマ
　　　　（調気法）、5.プラッティヤーハーラ（感覚を対象物から引き離すこと）、
　　　　6. ダーラナー（心の集中）、7. ディヤーナ（瞑想）、8.サマーディ（真の

自己への没入）。（2-29）

यम नियम आसन प्राणायाम प्रत्याहार धारणा
ध्यान समाध्ययोऽष्टावङ्गानि ॥२ - २१॥

（拙著『サーンキャとヨーガ』128頁）

（註3）宮沢賢治は、「アラユルコトヲ　ジブンヲカンジョウニ入レズニ」
と言っている。

（註4）人は、感覚器官を超えた純粋知性を通して至福を感じる。
ブラフマンを知れば、人は二度とそこから離れることはない。

（6-21）

सुखमात्यन्तिकं यत्तद्बुद्धिग्राह्यमतीन्द्रियम् ॥
वेत्ति यत्र न चैवायं स्थितश्चलति तत्त्वतः ॥　（६ - २१）

（拙著『ギーターとブラフマン』103頁）

（註5）自分の資質に応じて、定められた仕事をすることによって、誰
もが人生の目的を達成できる。それを、どのように達成するか、
次の詩句を聞きなさい。（18-45）

स्वे स्वे कर्मण्यभिरतः संसिद्धिं लभते नरः।
स्वकर्मनिरतः सिद्धिं यथा विन्दति तच्छृणु॥　（१८ - ४५）

すべての存在の根源であり、あらゆるところに顕在する彼を崇
敬し、感謝の念を持てば、自らの資質に恵まれた仕事を通して、
人生の目的を達成できる。（18-46）

यतः प्रवृत्तिर्भूतानां येन सर्वमिदं ततम्।
स्वकर्मणा तमभ्यर्च्य सिद्धिं विन्दति मानवः॥　（१८ - ४६）

（拙著『ギーターとブラフマン』１８８頁～１８９頁）

b．シャンカラのモニズム

　さて、シャンカラーチャーリヤの「１５肢ヨーガの階梯」は、あまり知られていないが、「アパロークシャ・アヌブーティ（अपरोक्ष - अनुभूति）」、直訳すれば**直接的知覚**（direct perception）、あるいは、**真の自己への気づき**（self realization）という全１４４の詩句からなるシャンカラ・モニズムの書で述べられている。ここに紹介した１５の階梯は、１０２詩句から１２４詩句にかけて述べられており、言葉としては、パタンジャリの「８つの階梯」が、そのまま取り入れているが（註6）、同じ言葉でも、その内容はまったく異なる。何故ならば、パタンジャリは、サーンキャ・ダルシャナに基づくものであるが、シャンカラーチャーリヤ自身が、拙著『サンスクリット原典から学ぶ般若心経入門』６７頁で紹介した「ニルヴァーナシャタカム」で繰り返し自己をシヴァ（註7）と呼んでいるようにブラフマンしか念頭にない。従って、その違いを説明しておく。

　「１５の階梯」（*印はパタンジャリにないもの）の１．ヤマ、２．ニヤマは、詩句１０４、１０５で説明されているが、パタンジャリのいわゆる禁戒、勧戒とはまったく異なり、感覚器官の沈静と１つだけの想念、瞑想に注目するという内容になっている。

　＊３．ツヤーガは、「宇宙やこの世界といった架空の存在の放棄」である。

　＊４．マウナ（言葉の発生のないこと मौनम्）は、パタンジャリが、第3章のヴィブーティ・パーダ YS（３－１７）で取り上げて

いたように（拙著『サーンキャとヨーガ』１７６頁〜１８２頁参
照）、シャンカラも、言葉の発生を、心の動きとして捉え、沈黙の
重要性、つまり想念の発生、即ち「いつも言葉の発生によって、
元の黙木阿弥に戻ってしまう」と表現している。(註8)

　＊５．デーシャ（空間 देशः）も、BSの詩句（１−３−４１）に
準拠してここからすべてが生じる説明となる。(註9)

　＊６．カーラター（瞬間の連続 कालता ）のカーラ（काल）は、
サンスクリット語で一般に「時間」であるが、時間は存在しない
ので、「（分断した）一瞬、一瞬の連続」を、そのように錯覚して
しまうことである。(註10)

　７．アーサナから１５．サマーディまでは、ほとんどパタンジ
ャリの「８肢ヨーガの階梯」と同じであるが、７．〜１１．の言
葉の内容は著しく異なっている。

　７．アーサナ（シッダ・アーサナ）、８．ムーラバンダ、９．デ
ーハサーミヤ（直立の姿勢）、１０．ドウリクスティティ（ウンマ
ニームドラー）、１１．プラーナサンヤマナ（プラーナーヤーマ）
は、ハタヨーガの専門用語が使われているが、７．アーサナ、シ
ッダ・アーサナも、ブラフマンに向き合う不断・不動の姿勢、８．
〜１１．はブラフマンへの集中と心の静寂の意になっている。

(註11)

　（註6）シャンカラは、この詩句１４３で「ラージャヨーガにハタヨーガ
　　　　　を組み合わせることによって、世俗的な欲望を弱める助けになる」
　　　　　と述べているが、タントラの呼吸法を含め、その重要性に気づい
　　　　　ていない。

142

एभिरङ्गैः समयुक्तौ राजयोग उदाहृतः ।
किञ्चित् पक्ककषायाणां हठयोगेन संयुतः ॥१४३ ॥

（註７）シャンカラ（शङ्कर）とは、本来、シヴァ（शिव）の意味である。
自分の名前に使ったシャンカラーチャーリヤは、ブラフマンの意味
で使っている。ここが彼のモニズムとタントラのアドヴァイタ
（अद्वैत 不二）、**重ね合わせの状態**、とは全く異なる。

（註８）賢者は、常に寂静、沈黙、つまりアートマンと共に在る。ヨーギーは、
そこに達するが、いつも言葉によって、元の木阿弥に戻ってしまう。

（１０４）

（註９）そこは、空間として知られるが、始めも、中間のプロセスも、
終わりもなく、まだ、宇宙は存在しない。しかし、そこから、す
べてが展開してくる。（１１０）

（註１０）ブラフマンは、至福で目に見えない極微の存在であるが、カ
ーラ（一瞬）という言葉によって象徴される。なぜなら、彼の
意志によって、あっという間に生じるから。（１１１）

（註１１）ブラフマンへ向き合う不断の、自然な瞑想、つまり、真の姿を
知らなければならない。そこからそれると、低いところへとそ
れることになる。（１１２）

今までの見え方が変わると、世界がブラフマンそのものに見
えてくる。ただ、鼻先を凝視せよ、と言っているのではない。（１１６）

プラーナーヤーマ（イキが鎮まること）によって、心の動き

　　　がなくなり、やがて、すべてはブラフマンだけである、とい

　　　う状態になる。（118）

　以上のように、サマーディまでの階梯は、より詳しく解説され
ているが、シャンカラは、あくまで、ドゥヴィジャと言われた上
位３ヴァルナ（カースト）を対象に語っていて（註12）、すべて
の人々に平等に開かれたブッダの実践法「アーナーパーナサティ」
や、タントラから流れてきたハタヨーガの実践法とは異なる。

　（註12）そのため、例えば、ヴァイラーギャなどは、主であるハリによ

　　　　　って、私たちに与えられているが、社会での秩序や役割・義務、

　　　　　人生の過ごし方（アーシュラマ）の各段階において質素な行い

　　　　　が求められる。（3）

　　　　　स्ववर्णाश्रमधर्मेण तपसा हरितोषणात् ।

　　　　　साधनं प्रभवेत् पुंसां वराग्यादिचतुष्टयम् ॥ ३ ॥

　　　　　詩句３で、このようにシャンカラは語っている。原文の冒頭の

　　　　　स्ववर्णाश्रमधर्मेण は、分けるとスワヴァルナ（स्ववर्ण）、アーシュラ

　　　　　マ（आश्रम）、ダルメーナ（धर्मेण）で、自らのカーストとして

　　　　　の立ち位置、ドゥヴィジャとしての人生の４段階の過ごし方、

　　　　　そして、果たすべき役割、いずれの言葉もそれを示している。

ｃ．ブッダとタントラ

　一方、ブッダの実践方法は、カーストを排除し、すべての人に
対して平等に示された**アーナーパーナサティ**という呼吸法であっ
た。タントラも同様で、ソーハムに見られる呼気・吸気の間隙に
留意する**タントラの呼吸法**である。

　OSHO Rajneesh は、次のように述べている。

「ブッダは、インドでは生き残ることは出来なかった。真の自己
　（アートマン）を信じてきた世界で最も古い国がインドである。
ウパニシャッド、ヴェーダ、パタンジャリからマハヴィーラまで、
誰もが真の自己を信じてきた。彼らはすべて、エゴには反対した
が、真の自己も、またエゴのトリックだとは思い切って言うこと
はなかった。（ところが）ブッダは、究極の真理を述べてしまった
のである。」(Buddha could not survive in India. India is the oldest
country in the world which has believed in the self, the atman.
The Upanishads, the Vedas, from Patanjali to Mahavira,
everybody has believed in the self. They were all against the ego,
but they never dared to say the self is also nothing but a trick of
ego. Buddha dared to assert the ultimate truth.)

　そして、さらに、「ブッダが亡くなる頃、批判や主張や否定が
始まり、ブッダの死後、わずか500年で、仏教は根こそぎインド
から追い立てられた。」(But by the time Buddha had gone, they
started criticizing, arguing; they started denying. Only five
hundred yeats after Buddha left his body, Buddhism was uprooted
from India.)

145

d． ３肢ヨーガ

提唱したい「ハタヨーガ」
「三肢ヨーガ」の模式図

| サマーディ |
| ディヤーナ |
| アーサナ + プラーナーヤーマ |

●アーサナ」は、「アーナーパーナサティ」、又は「タントラの呼吸法」と連動して行う。

●「する」ヨーガから、「なる」ヨーガへ。

そこで、いよいよ既刊書４冊と本書で述べてきたヨーガの流れの結語として提唱したい身体から入る「ラージャヨーガ」の実践方法について述べることにする。健康な身体づくりと最終的に瞑想の**坐がとれるように**身体から入るラージャヨーガは、非常に科学的であることはタントラからハタヨーガへの流れで見てきたとおりである。従って、拙著『ハタヨーガからラージャヨーガ』で述べたように、高度で難易度の高いアーサナをきわめることとサマーディやニルヴァーナの状態に「なる」こととは無関係である。

留意すべきは、ブッダの提唱した**アーナーパーナサティ**、あるいは、**タントラの呼吸法**の意味をよく理解して、パタンジャリが述べたヨーガの定義、「ヨーガスートラ」第１章冒頭の YS（１－２）、 YS（１－３）、YS（１－４）３詩句の内容を忘れずに実践することである。２０世紀最大の指揮者ウイルヘルム・フルトヴェングラーが言った通り、「**すべて偉大なものは単純である**」あることが分かる。

提唱したいのは「**する**」ヨーガから、「**なる**」ヨーガへ、従って、それには、３つの階梯しかない。それを**３肢ヨーガ**として図で示した。これは万人が出来る実践方法で、アーサナは、なるだけ簡

単なものを選ぶ。昔、佐保田鶴冶先生の考案された簡易体操・基本体操をご存知の方はそれで充分。しかし、重要なのは、呼吸の観察であって必ず動作と呼吸は連動して行う。入息・出息時に必ず1回息は止まる。この確認を確実に行う。そうでないと、次の段階、ディヤーナ（瞑想）には進まない。息の止まった所を確認していれば、想念は必ず1つになる。それは、瞑想（ディヤーナ）と言われ、やがてそれも消える。それがサマーディである。「する」ヨーガは、自然に、「なる」ヨーガへと移る。

　「まえがき」で述べたことを繰り返すが、ここでの「プラーナー・アーヤーマ」とは、調気法ではなく、**入息・出息時の「息が止まること（breath stopping）」の確認**である。

　それはブッダの呼吸法「アーナーパーナサティ」であり、「スワローダヤ」で述べられた「タントラの呼吸法・ハムサ」である。もう一度、そのイラストを掲げよう。

　マイトリウパニシャッドの「6肢ヨーガ」の階梯に始まり、「ゴーラクシャ・シャタカ」の「6肢ヨーガ」の階梯を経て、パタンジャリの「8肢ヨーガ」、シャン

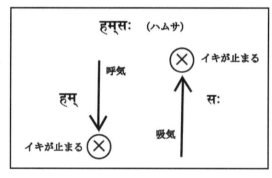

カラーチャリアの「15肢ヨーガ」の階梯、これらすべてが「サマーディ」を到達点とした「ラージャヨーガ」は、サマーディ、ニルヴァーナ、ヨーガ、言葉や表現が異なってもその状態に至らなければ何にもならないのである。

しかし、「ラージャヨーガ」の道は、他の「カルマヨーガ」、「バクティヨーガ」同様、「サマーディ」の状態に達しても、日常生活に戻れば元の状態に戻る。これらは、いずれも一時的なのである。ヨーガの道は、それほど厳しく、ラマナ・マハルシのように絶対元に戻らないヨーガの道は、ニャーナヨーガ（又は、ギャーナヨーガ）1つしか残されていない。最後に、彼の著「私とは誰か　コーハム（कोऽहम्）」から、その言葉を引用して本書を終わる。

　他の方法によって、心を克服しようと考えても、心は鎮まったようにはみえますが、再び外へと流れ出ます。プラーナーヤーマ（呼吸法）によっても、心は鎮まりますが、あくまで、呼吸が制御されている間だけのことであり、その状態が過ぎると、普段の呼吸に戻り、心は再び活動し始め、自然に外へと向かい、想念が湧いてきて心は外へ流れ始めます。
　心と呼吸の出所は、まったく同じ場所なのです。心こそ想念の実体に他なりません。私という想念こそ、心の最初の想念で、これがアハムカーラ（エゴ、偽りの自己）という名で呼ばれます。何故なら、アハムカーラの生ずるところから、呼吸も、また生まれるからです。従って、心が鎮まると呼吸も鎮まり、呼吸が鎮まると心も吸収されてゆきます。しかし、就寝中、心は吸収された状態になっていますが、呼吸は停止していません。身体を守るために、「まだ、この身体は死に至っていない（死んでいない）」状態なのか、そうでないのかを見定めるためのイーシュワラの配慮なのです。真の自己への気づきがあり、サマーディーの状態の場合は、心も呼吸も吸収された状態です。呼吸は、心が物質的な姿になったものです。死が訪れる時まで、呼吸は身体の中に留め置

かれます。そして、臨終の時に、心は呼吸を一緒に連れ去ります。従って、呼吸が鎮められても、心が不活発になったというだけで心が消滅したということではありません。

　プラーナーヤーマと同じように、（像や絵など）形ある神への瞑想や、マントラを唱えたり、神の名を唱えるジャパや断食なども、心を鎮める助けに過ぎないのです。形ある神への瞑想やマントラを唱えるジャパなどによって、心は一点に集中するようにはなります。

　心は常に、あちこち動き回るのが本来の性質です。もし、象の鼻に鎖を繋ぐと、その象は、他のものを何か捉まえようとはせずに、その鎖だけを頼りに前進するようになります。同じように、心も何か名前と形のあるものを頼りに、長い間、繰り返し実践すれば、きっと助けになます。心が、無数の想念や幻想などに拡散すると、その一つ一つの想念は弱体化し、役をなさなくなります。（逆に）多くの想念が次第に鎮まり完全に吸収されると、それが力（パワー）となり、心は、本来の自己へと辿り着くことが確かめられます。（Q12・A12）

参考文献（第2部・第3部）

1. *Tantra Asana*：Ajit Mookerjee

2. *Tantra Art*：Ajit Mookerjee

3. *Yantra*：Madhu Khanna

4. *Practicals of Yantras*：L.R.Chawdhri

5. *Vajrayāna Buddhism*：Ian A.Baker

6. *The World of Tantra*：B. Bhatta

7. *The Tantric Way*：Thames & Hudson

8. *The Surpant Power*：Arthur Avalon

9. *Kundalini*：Ajit Mookerjee

10. *Practicals of Mantras Tantras*：L.R.Chaedri

11. *Tantra*：Philip Rawson

12. *Tantra Shuddhi*：Swami Satynanda Saraswati

13. *Tantra Yoga*：Nick Douglas

14. *Tantric Yoga*：Gavin and Yvonne Frost

15. *TANTRĀLOKA Vol.1 – Vol.5*：Abhinavagupta

16. *TANTRSĀRA*：Abhinavagupta

17. *PARAMĀRTHASĀRA*：Abhinavagupta

18. *Śiva Sūtras*：Vasugupta

19. *The Stanza on Vibration*：Mark. S. G. Dyczkowski

20. *Goraksha Samhita*：Swami Vishunu Swaroop

21. *The Root of Tantra*：Paul E. Mullerorrega and Douglas Renfew Brooks

22. *Kasmir Saivism*：B.N.Pandit

23. *The Shiva Sutra Vimarṣinī Kṣemarāja*：P.T.Shrinivas Iyenger

24. *Philosophy of Gorakhnath*：Akshaya Kumar Benerjea

25. *The Yoga of Vivration and Divine Pulsation*：Jaideva Singh

26. *Siva Samhita*：Rai Babadur Srisa Chandra Vasu

27. *Fundermental of the philosophy of Tantras*：Manoranjan Basu

28. *Secret Power of Tantric Breathing*：Swami Sivapriyananda

29. *The Siva Samhita, a critical edition*：James Mallinson

30. *Dharana Darshan*：Paramahamsa Nivanjanananda

31. योगतरङ्गिणी：Jan. K. Brzezinski

32. शिवस्वरोदय ：Ram Kumar Rai

33. *Aparoksa Anubhūti*：Śaṅkarācaryā

34. *Origin of Yoga & Pashpata Yoga*：Swami Niranjanananda Saraswati

35. *Goraksaśatakam*：Swami Kuvalayananda, S.A.Shukla

36. *Tantra*：The Supreme Understanding：OSHO Rajneesh

37. *The Tantra Vision* Vol.1, Vol.2　：OSHO Rajneesh

38. *Vigyan Bhairava Tantra* Vol.1, Vol.2：OSHO Rajneesh

39. *La shiva Svarodaya ancien traité de présages et prémonition d'après le souffle vital*：Alain Daniélou

40. *Vaisesika Sūtra of Kaṇāda Bhāṣa*：Nandalal Sinha

41. *The discipline of Transcendence*：OSHO Rajneesh

42. *Gorakhnāth and the Kānphata Yogīs*：George Weston Briggs

43. *Yoga Nidra*：Swami Satyananda Saraswati

44. *MAX WEBER GESAMT AUSGABE：Die Wirtschaftsethik der Weltreligionen Hinduisms und Buddhismus MWG I/20*

45. *MAX WEBER The Religion of India*：H.N.Gerth and Don Martindale

46.『世界宗教の経済倫理 II ヒンドゥー教と仏教』マックス・ウエーバー著　深沢　宏訳

47.『アジア宗教の基本的性格』マックス・ウエーバー著　池田　昭、山折哲

　　　雄、日隈威徳訳

48.『アジア宗教の救済理論』マックス・ウエーバー著 深沢　宏訳

49.『系統と進化の生物学』今堀宏三、田宮道夫

50.『ハタヨーガからラージャヨーガへ』真下尊吉

51.『サーンキャとヨーガ』真下尊吉

52.『サンスクリット原典から学ぶ・般若心経入門』真下尊吉

53.『ギーターとブラフマン』真下尊吉

あとがき

　タントラの世界は、コスモス（宇宙）、とてつもない拡がりを持っていて、とても手に負えるような代物ではないと思い、１９９８年頃にナーター派の人たちがここから科学的・生理学的・医学的なエッセンスを抽出してハタヨーガを構築したことを確認したいと思って若干の資料だけは入手していた。

　しかし、あまりの広大さに恐れをなし、今日まで手を付けずに放置していたところ、ハタヨーガの指導をされている方、お二人から、非常に不思議なことに相前後してチャンドラ・ナマスカーラについて質問を受けたのがきっかけで、これらの資料に目を通すことになってしまった。いわば、「眠っていた獅子」を起こしてしまったのである。

　現在同様、１９９０年代でも、タントラと聴けば、変な顔をされた。タントラ世界の象徴としての像や絵画を性の法悦とか恍惚感を表したものと誤解したためである。それほどの認識しかなく、インドでも学者はシャンカラのモニズムの方へ流れ、タントラは研究されていない訳で、学者の方とヨーガの実践者とでは求めるものが異なるようである。つまり、師弟関係の連鎖がどこかで切れてしまうと、そこから伝わらなくなり、消えてしまう危険性がある。学問的な興味と真理の伝承とは別のことで、伝える努力を怠ってはならない。

　女性の、ものを生み出す力、シャクティは男性には真似の出来ないもので、見られることによって胎内から創造するのである。本書で完成する「ヨーガの流れ」全５冊の書は、研究会などで私の話を聴かれて、それを呑み込み、質問という形で生み出された

153

ものを、「ヨーガは、どこから流れてきて、一体、何なのか?」に答えようと思って書いたものである。

チャンドラ・ナマスカーラは、月の軌道と深い関係があり、夕方から夜にかけてハタヨーガの指導をされる際に実践される訳で、スーリヤ・ナマスカーラと違って、女性ならではの月からのエネルギーを感じられてのことであろう。研究会でお尋ねしたところ、数名の方がハタヨーガの指導に取り入れられていた。また、写真集などでも女性の方の記述はあるが、男性はスーリヤ・ナマスカーラのみ、チャンドラ・ナマスカーラは、ほとんど見かけない。

いずれにしても、チャンドラ・ナマスカーラの質問がきっかけで高度に発達したタントラのダルシャナに踏み込むことが出来て本当によかった。また、ハタヨーガ関連の書でも、タントラからハタヨーガへの流れが明らかにされないまま、タントラで使われたチャクラ、ヤントラ、クンダリニーなどのイラストや絵画が数多く挿入されているので、この際、本書を参考にしてもらえば幸いである。

ブッダが述べたニルヴァーナの境地も、ヨーガやサマーディも同じ意味である。その境地は、夢想三昧といった、何か特別な状態ではなく、**「ただ、ありのままが、そのまま見える」**ようになるだけである。何を見ても、聞いても、読んでも向こうから語りかけてきてくれるので分かるようになり、その都度新しい気づきが生まれる。

この書を一応書き終え、筆を置こうとしていた時、サンスクリットの生徒さんが、M・ウエーバー研究家の書かれた『マハーバーラタの世界』(前川輝光著)(註1)を持ってきて下さった。M・ウエーバーは学生時代から関心があり、早速、彼の著の中から世

154

界宗教の経済倫理 II『ヒンドゥー教と仏教』（深沢　宏訳）を書棚から引っ張り出してくると、第2部に「ヨーガと宗教哲学の発展」、「正統派の救済論」と「バガヴァッド・ギーターの救済論と職業倫理」があるのを発見して驚いた。当時は、彼の理念型や合理的な思考方法に魅了され、『古代ユダヤ教』や『プロテスタンティズムの倫理と資本主義の精神』など、西洋の方にばかり目が向いていたので、この書の内容には、まったく気がつかなかったのである。

（註1）書名は『マハーバーラタの世界』となっているが、内容は、著者がこの本の中で述べておられるように、サンスクリット原典ではなく、C．ラージャーゴーパーラーチャリが英語で書いた「マハーバーラタ・要約版」の日本語訳がベースの運命論になっている。マリア・カラスが歌うベルリーニの歌劇「ノルマ」のアリアやダイジェスト版は、実際に舞台で観る場面を彷彿とさせてくれるようなエッセンスの詰まった内容だが、C．ラージャーゴーパーラーチャリの要約版は、「神の歌」（バガヴァッドギーター）もカットされ、物語のあらすじだけで「マハーバーラタ」が**第5のヴェーダ**と言われる所以も、マックス・ウエーバーが「ヒンドゥー教と仏教」で取り上げた**救済技術（ヨーガ）**のこともまったく分からない。

　マックス・ウエーバーは、「マハーバーラタ」と、それと一体である「バガヴァドギーター」からモークシャ（मोक्ष 独原文の邦訳は、「救済」）とそこに至る実践法のヨーガ（योग 独原文の邦訳は、「救済技術（ヨーガ）」、そして、この世でのわれわれの役割、スワダルマ（स्वधर्म 独原文の邦訳は、「職業倫理」）を正しく読み取って

いる。しかし、ヨーガに関わるわれわれとしては、随所に理解し
づらい邦訳となっていて困惑する。例えば、「救済技術（ヨーガ）」
の訳語が（緊張、苦行）となっていたりするので、原書（ドイツ
語）（註 2）で確認すると、das Yoga(= Anspannung, Askese)であ
った。確かに、訳語として、その意味もあるが、アンスパンヌン
グ（anspannung）の語源は、この場合、サンスクリット動詞の
ユッジュ（युज् to unite）の方である。従って、ヨーガの状態から
離れているのを正しい理解に導くことであり、アスケーゼ
（askese）は、一般的な訳語の「タパ、いわゆる苦行」ではなく、
自己を知ること（स्वाध्याय)」である、というふうに、あちこち修
正して読む必要がある。

（註 2）*MAX WEBER GESAMT AUSGABE : Die Wirtschaftsethik der*
Weltreligionen Hinduisms und Buddhismus MWG I/20

　今、日本と韓国との間には、いくつか懸案の問題があり協議が
行われているが、一定の合意に達して書面にする時、両国語に訳
すと微妙な差が生じるので、今回、共通の言語として英語が選ば
れたそうである。このように、サンスクリット　→　英語、ドイ
ツ語、日本語などに翻訳する場合も同様の問題から逃れられない。
特に、ヨーガに関する場合は、この他に、その人がサーダカ（何
らかのサーダナーを実践している人）であるかどうかも大きく関
係する。何故なら、体験を伴っていないと、その状態は分からず、
辞書の訳語になってしまい適語にはなかなか訳せない。
　ある叙事詩や教典について語る時は、必ず原典に目さなければ
ならない。何故なら、マックス・ウエーバーがよく使った言葉、

エートスが欠けてしまい、結果としてそれを読む人を誤った方向
に導いてしまうからである。

　マックス・ウエーバーのこの書によって、マドレーヌ・ビアル
ドーの仮説「マハーバーラタとは、まさに、仏教を広めたアショ
ーカ王の勢力に対するバラモン教の逆襲だった」(拙著『ギーター
とブラフマン』2頁) が正しかったことが分かり、同時に、正統
派とされたバラモン教と異教のジャイナ教・仏教の間には、もっ
と激しい対立があったことも分かった。(註3)

(註3)（しかし）バラモン階層からは、単に古典的でないのみならず、最も卑し
　　　く嫌悪すべき異端の信仰として攻撃され、呪われ、憎まれた。もし、人
　　　が、異端者の誰かと虎のいずれかに遭遇するなら、虎の方がましだと思
　　　われた。虎は、単に肉体を傷つけるに過ぎないが、異端者は精神を傷つ
　　　けるから。

　　　　　　　　（前掲原書３０６頁～３０７頁　筆者訳）

　(aber) von dem Brahmanentum als nicht nur unklassisch,
sondern als ärgste und verwerflichste Ketzereien bekämpft,
verflucht und gehaßt wurden: einem Tiger zu begegnen, hieß es,
sei besser als diesen Ketzern, weil er nur den Leib, sie aber die
Seele verderben.

　なお、正統派とは、アースティカ、または、オーソドックスと言
われ、ヴェーダ、ウパニシャッドからの流れとして、本流のサー
ンキャ、ヨーガ、プールヴァ・ミーマーンサ、ヴェーダーンタ（ウ
ッタラ・ミーマーンサ）、ニャーヤ、ヴァイシェーシカの各学派、
異端は、ナースティカ、または、ヘテロドックスと言われ、支流、
ジャイニズムとブッディズム、チャールヴァーカを指す。

叙事詩「マハーバーラタ महाभारत 」と「マハーバーラタの物語 महाभारतकता 」を一緒にしてはならない。後者は、物語のあらすじの場合が多く、少年・少女向、大人向き、または、他の言語で新しく書かれることもある。従って、舞台で演ずる役者のわれわれには、運命論・宿命論として捉えることは出来ても、そこで**起こる事柄（台本）**には一切介入することは不可能である。（拙著『ギーターとブラフマン』の「バガヴァッド・ギーター」第１１章、１３５頁参照）マックス・ウエーバーの著で以上のことが確認出来嬉しい限りであった。

　サーンキャ哲学の書「サーンキャカーリカー」、ヴェーダーンタの「ブラフマスートラ」、「バガヴァッド・ギーター」、タントラからハタヨーガへの流れの若干の経典、「シヴァスートラ」、「タントラローカ」、「タントラサーラ」、「ゴーラクシャ・シャタカ」、「シヴァ・スワローダヤ」などは、従来、ヨーガの流れとの関連できちんと紹介されているとは言えなかった。そこで、拙著『サーンキャとヨーガ』で、サーンキャ哲学を、『ギーターとブラフマン』で、「ブラフマスートラ」と「バガヴァッド・ギーター」を、そして本書で「ゴーラクシャ・シャタカ」と「シヴァ・スワローダヤ」からいくつかの詩句を紹介して、次の世代の人たちに伝承出来れば幸いである。

　本書で完結となる一連の５冊の書を出版して下さった東方出版（株）会長の今東成人氏には毎回本当にお世話になった。心からお礼申し上げる。

158

「ヨーガの流れ」シリーズについて

　本書で５冊目となる拙著は、それぞれが独立した書であると同時に、順に読んでいただければ、ヴェーダ、ウパニシャッドを起源とする**ヨーガの流れの書**となっている。そこで、今回、各書のガイドとして、それぞれの書の特徴を説明しておくことにする。

　なお、著書のサポート・ブログ（https://ameblo.jp/maharsi/）から既刊書の正誤表をダウンロードしていただけるのでご利用いただきたい。

１．『ハタヨーガからラージャヨーガへ』（東方出版）

　本書では、第１部が「ハタヨーガプラディーピカー入門」、第２部「ヨーガスートラ入門」とし、**ヨーガの意味**と一般に「ヨーガ」として理解されている「アーサナ」との違いを説明した。「アーサナ」は、「ラージャヨーガ」への第１段階であって、身体の健康法として佐保田鶴治先生は、ヨーガの体操と表現された。パタンジャリが「ヨーガスートラ」で提示した「ラージャヨーガ」への８つの階梯は、ナーター派のゴーラクシャナータによって１０１詩句からなる経典「ゴーラクシャ・シャタカ」で、既に、「６肢ヨーガ」の階梯として確立されていたものである。パタンジャリは、これにブッディズムとジャイニズムからヤマ、ニヤマを加えて「８肢ヨーガ」の階梯としたので、今回の書で、その経緯を説明した。

　パタンジャリの提示したヤマ、ニヤマは、ヨーガを始めるにあたって**禁戒、勧戒**とするには心で心をコントロールするので無理がある。本書では、代わりに「ハタヨーガ・プラディーピカー」

の次の２詩句を提示した。（本書９４頁）

　　　　ハタヨーガは、次の６つによって崩れる。過食、過労、お喋り、
　　　　自己規律へのこだわり、人との交際、落ち着きのなさ。（HP　1－15）

　　　　ハタヨーガは、次の６つによって成功する。熱心さ、勇敢さ、
　　　　不屈の精神、真理を知ること、探求心、人とのムダな交際の廃止。
　　　　　　　　　　　　　　　　　　　　　　　　　　　　（HP　1－16）

２．『サーンキャとヨーガ』（東方出版）

　マクルーハンの書の翻訳で有名な竹村健一氏は、当時、「日本の
常識は、世界の非常識」という名言を吐かれたが、日本では、ま
だ、ヨーガと言えば、一番先に「ヨーガスートラ」へと目が向い
ている。しかし、「ヨーガスートラ」は、いわゆる「サーンキャ哲
学」が基盤、というよりも、両者は一体なので、「ヨーガスートラ」
を読む前に、必ず「サーンキャ哲学」を学ぶ必要がある。そのポ
イントは、次の８点である。（頁数は、本書の該当頁）

　　　① プルシャとプラクリティの理解　→　４２頁～４９頁
　　　② ２５のタットヴァの展開過程　→　２８頁（図）
　　　③ プルシャとプラクリティの識別　→　６３頁～６７頁
　　　④ ３つのグナの理解　→　３８頁～４０頁
　　　⑤ ブッディとは？　→　４９頁～５１頁
　　　⑥ アハンカーラとは？　→　５１頁～５２頁
　　　⑦ 内的器官とは？　→　５３頁

160

⑧ マナスとは？　→　５３頁

　本書では、第１部が「サーンキャ・カーリカー」全７２詩句から「ヨーガスートラ」を理解するのに必要な詩句の３６詩句を選び、サンスクリット原典から翻訳し、原文、読み、語釈、解説、を加えた。続く第２部では「ヨーガスートラ」（第１章～第４章）全１９６詩句をサンスクリット原典から翻訳し、原文、読み、語釈、解説を加えたので、本書１冊で「サーンキャ哲学」を理解してから「ヨーガスートラ」に入ることが出来る。「世界の常識」に近づける訳だ。なお、「サーンキャカーリカー」残りの３６詩句の翻訳、原文、読み、語釈、解説は、『ギーターとブラフマン』に「続・サーンキャカーカー」として掲載した。

３．『サンスクリット原典から学ぶ 般若心経入門』（東方出版）

　これほど唱えられる機会の多い「般若心経」は、玄奘三蔵の漢訳（中国語訳）で、原文がサンスクリットで書かれていることも知られていない。また、日本で出版されている「般若心経」は、殆どが、その人の人生観になっているので、１００人の人が書けば１００冊の本となる。しかし、まずは、原文からその意味を知って唱えてほしい。
　次に、「色即是空」、「空即是色」で有名な「般若心経」であるが、「空」は、あまりよく理解されていない。本書ではわざと詳しい説明は避けたが、それは、今回の書のタントラの「スパンダ（振り子）理論」を知って理解してほしかったからである。

さらに、ブッダは、いかにすれば「般若心経」の理解に到達できるか、つまり、ニルヴァーナの境地に至る実践法を示した点で画期的であった。その実践法とは、「アーナーパーナサティ」という呼吸法である。本書で、それを詳しく解説した。

４．『ギーターとブラフマン』（東方出版）

　日本で、「ヨーガの書」といえば、「ヨーガスートラ」だと思っている人が殆どだが、「バガヴァッド・ギーター」は、**４つのヨーガの道**（「カルマヨーガ」、「バクティヨーガ」、「ラージャヨーガ」、「ニャーナヨーガ」）が順序よく説明されている。理解の基盤となるのは「ブラフマスートラ」と共に「サーンキャ哲学」なので、残り３６詩句を「続・サーンキャカーリーカー」として説明した。そのポイントは、次の点である。（頁数は、本書の該当頁）

　　① プルシャとは？　→　２４３頁〜２４５頁
　　② プラクリティの展開　→　２４５頁〜２５１頁
　　③ 内的器官とは？　→　２５１頁〜２５３頁
　　④ モークシャとは？　→　２６２頁２６３頁

　また、「バガヴァッド・ギーター」の中で「サーンキャ」がどのように影響しているかは、７２頁、８４頁、１５７頁〜１５８頁の各イラスト、２２９頁などを参照されたい。

●著者略歴

真下　尊吉（ましも　たかよし）

慶應義塾大学　経済学部卒。

コンピューター・インストラクター、Ｗｅｂデザイナーをする傍ら、佐保田鶴治先生の流れの故熊谷直一氏、故番場一雄氏に師事しハタヨーガを学ぶ。助教授資格取得。サンスクリット語は、言語学者で哲学博士のアニル・ヴィディヤランカール先生にイントロダクトリー・サンスクリットを学び、その後、チンマヤ・ミッションにてアドヴァンスド・サンスクリットを学ぶ。また、同ミッションにてバガヴァッド・ギーター全コースを修了。２０１１年より「ニャーナ・プラープティヒ」研究会主幹。神戸新聞カルチャー講師。

著者　　『ハタヨーガからラージャヨーガへ』（東方出版）

　　　　『サーンキャとヨーガ』（東方出版）

　　　　『サンスクリット原典から学ぶ 般若心経入門』（東方出版）

　　　　『ギーターとブラフマン』（東方出版）

著書のサポートブログ（既刊書の正誤表などをダウンロードいただけます。）

　　　https://ameblo.jp/maharsi/

ブッダの言葉とタントラの呼吸法

2020年5月12日　　初版第1刷発行

著　者	真下尊吉	
発行者	稲川博久	
発行所	東方出版(株)	
	〒543-0062　大阪市天王寺区逢阪2-3-2	
	Tel.06-6779-9571 Fax.06-6779-9573	
装　幀	濱崎実幸	
印刷所	亜細亜印刷(株)	

乱丁・落丁はおとりかえいたします。　　　　　　　　ISBN978-4-86249-392-7

書名	説明	著者・訳者	価格
サンスクリット原典から学ぶ般若心経入門		真下尊吉	1800円
ギーターとブラフマン		真下尊吉	1800円
サーンキャとヨーガ		真下尊吉	2800円
ハタヨーガからラージャヨーガへ		真下尊吉	3000円
入門サンスクリット 改訂・増補・縮刷版		真下尊吉	1800円
ヨーガ・スートラ パタンジャリ 哲学の精髄 原典・全訳・注釈付		A・ヴィディヤーランカール／中島巖	7000円
基本梵英和辞典 縮刷版		A・ヴィディヤーランカール著 中島巖編訳	3000円
八段階のヨーガ		B&A・ヴィディヤーランカール／中島巖	8000円
バガヴァッド・ギーター詳解		スワミ・チダーナンダ著／増田喜代美訳	1800円
		藤田晃	4500円

＊表示の値段は消費税を含まない本体価格です。